COMPETITION
FOR THE REORGANIZATION
OF HISTORICAL SPACE 2023

歴史的空間再編コンペティション2023

第12回「学生のまち・金沢」設計グランプリ アーカイブ
The 12th "Student's City / Kanazawa" Design Grand Prix Archive

学生団体SNOU 編

JN027994

本コンペは、
歴史的空間のストックを活かした新たな価値を創造するとともに、
多くの学生が集い、交流を深めて行く中で、
学生のまち・金沢の魅力を
全国に発信することを目的としています。

Rekicom.

委員長挨拶

　この度、歴史的空間再編コンペティション2023が発刊できますことを心より嬉しく思います。ご存知の通り、2024年元日に能登地震が起き、能登地方を中心に広い範囲で甚大な被害となってしまいました。現在でも多くの方々が非常に厳しい環境のもと暮らしておられます。まず、被害に遭われた方々に心よりお見舞いを申し上げるとともに、建築に携わる一人として1日も早い復興に向けてできる限りの支援を行っていきたいと考えております。

　近年では全国各地で起こる大きな自然災害に直面すると、改めて歴史的空間とそこに息づく文化の重要性を継承していくことの重要性を痛感させられます。その意味でもこのアーカイブを通して、全国の学生の皆さんが歴史的空間を見つけ調査分析し再編に取り組んだ作品をドキュメントすることは非常に貴重なものとなると考えています。

　このアーカイブには、上位入賞作品の紹介だけではなく、審査員の方々によるトークセッションの内容やファイナルプレゼンテーションで行われた質疑応答に至るまで詳細に記録されています。それぞれの作品の意義を深く読み解いていくことができると思います。また、歴史的空間再編マップもあり、これまで本コンペで対象とされた歴史的空間も一目でわかるようになっています。本アーカイブを通して、建築を志す若い世代の人たちへのメッセージとなり、より多くの歴史的空間再編のアイデアが集まることを期待しております。

　最後になりましたが、文字起こしから編集まで膨大な作業を行って下さった学生団体SNOUの皆さん、執筆にご協力いただいた審査員の皆様に感謝するとともに、金沢市をはじめとするご協賛いただいた団体、企業様にこの場をお借りして深く御礼申し上げます。

歴史的空間再編学生コンペ実行委員会 委員長
金沢工業大学 教授

宮下 智裕

学生団体SNOU代表挨拶

　歴史的空間再編コンペティション～「学生のまち・金沢」設計グランプリ～は、今年で第12回を迎えました。"金沢の歴コン"として根付いてきたことで、全国から洗練された作品の出展が増え、今年度も白熱した大会となりました。

　今年度は建築学生同士が交流する機会をさらに増やしたいと考え、出展者に焦点を当てた座談会「introduction −出展者はかく語りき−」を開催しました。出展者の方々が作品を作成するに至った経緯、作品に込めた想いなどについて話していただき、学生同士の質疑応答も交えることで、建築についての新たな視点が得られるきっかけとなる有意義な会となりました。

　また、"循環が建築／建築が循環"をテーマに展開された「記念講演&トークセッション」では、日本だけではなく世界の持続可能な社会のための取り組み、日本古来の建築と持続可能性との親和性など、これからの世界の在り方について考える貴重な意見交流の場となりました。

　さらに、今年度もプレゼン部門・模型部門・パース部門のSNOU賞3部門ならびに最優秀SNOU賞を選出しました。本コンペの運営を担ってきた立場として学生の視点から作品の評価を行うもので、私たちにとっては作品への理解が深まるとともに、改めてコンペのテーマ・意義について考える良い機会となりました。受賞者の方々へは記念品として石川の工芸作家による作品を贈呈させていただきました。全国の学生の皆さまに石川の伝統工芸の良さを知っていただき、この芸術・文化が広く発信されることを期待しています。

　最後になりましたが、本コンペの開催に当たり、ご協力、ご協賛いただいた関係各位に深く感謝申し上げます。歴史的空間再編コンペティションがより良い議論の場、学びの場、交流の場となるべく、一層の努力を続けて参りますので、今後ともご支援を賜りますようよろしくお願いいたします。

2023年度 学生団体SNOU代表

太田 隼乃介

目　次

開催理念

金沢市は学術文化都市として発展してきました。学生がまちなかに集い、

市民と交流する姿は、「学生のまち・金沢」のにぎわいと活力の象徴となっています。

学都金沢としての伝統と誇りを継承発展させるために、平成22年に全国に先駆けて、

「金沢市における学生のまちの推進に関する条例」を制定し、

「学生のまち・金沢」を全国に発信しています。

金沢のまちは、時代の重層した歴史的空間をその都市構造とともによく残しています。

その個性的な空間を舞台に、固有の文化・芸術が育まれてきました。

歴史的なまちなみと人々の暮らしや文化が積極的にまちづくりに生かされています。

本コンペティションは、「学生のまち・金沢」「歴史都市・金沢」に全国の学生が集い、

歴史的な空間との対話を通して、学び合い競い合うことで、

新しい価値が生まれる学びの場をつくろうとするものです。

テーマ # 歴史的空間の再編
※金沢だけにとどまらず全国を対象とします

キーワード 「歴史文化遺産(建築、まちなみ、景観)」、「無形文化遺産(祭り、芸能、人)」、「近代産業遺産」、「農業遺産(里山、里海)」、「ものづくり」、「民芸・工芸」、「エコロジー」、「サステナビリティ」、「リージョナリズム」、「リノベーション」、「コンバージョン」、「ノスタルジー」、「系譜学」など

主 催 歴史的空間再編学生コンペ実行委員会／金沢市

日 時 一次審査： 2023年10月12日(木)
本審査： 2023年11月18日(土)・19日(日)

会 場 金沢学生のまち市民交流館

賞 金 グランプリ ………………………………………………………………… 30万円
準グランプリ ……………………………………………………………… 15万円
第3位 ……………………………………………………………………………… 5万円

Day 1 11月18日(土)

10:30〜12:00

**座談会「introduction
　－出展者はかく語りき－」**

金沢学生のまち市民交流館
交流ホール

30選出展者たちが登壇し、自身の
出展作品について心に秘めたストー
リーや情熱を参加学生と共有する
場。建築作品に込めた感情や想いを
オープンに語る。

→

13:15〜13:40

開会式

金沢学生のまち市民交流館
交流ホール

開催にあたり、審査員を紹介し、主
催者を代表して宮下智裕委員長より
ご挨拶をいただく。また、一次審査
の結果報告も発表される。

→

13:40〜17:00

二次審査

金沢学生のまち市民交流館
学生の家

作品一つひとつを審査員が回る巡回
審査と非公開の議論により、Day2の
ファイナルプレゼンテーションに進出
する10作品と、11位から20位までの
順位が決まる。

審 査 方 式

一次審査
(審査員7名)

審査員

熊澤栄二
小津誠一
村梶招子
山崎幹泰
吉村寿博
西本耕喜
林野紀子

[各審査員 投票]
■ 1点票 ✕ 20作品

30作品決定

▶

二次審査
(審査員6名)

審査員

魚谷繁礼
中川エリカ
安居昭博
塚本由晴
宮下智裕
松田達

[各審査員 投票]
📚 3点票 ✕ 5作品
■ 1点票 ✕ 10作品

+

[ディスカッション]

11位〜20位決定

▶

Day2 11月19日（日）

10:00〜11:50

記念講演＆トークセッション

金沢学生のまち市民交流館 交流ホール

「循環が建築／建築が循環」をテーマに、講演者に魚谷繁礼氏、中川エリカ氏、安居昭博氏、モデレーターに松田達氏、コメンテーターに塚本由晴氏、宮下智裕氏を迎え議論する。

→

13:00〜18:00

ファイナルプレゼンテーション

金沢学生のまち市民交流館 交流ホール

上位10作品の出展者によるプレゼンテーション、質疑応答を経て、グランプリを決める最終審査のディスカッションを行う。

ファイナルプレゼンテーション＆ディスカッション
（審査員6名）

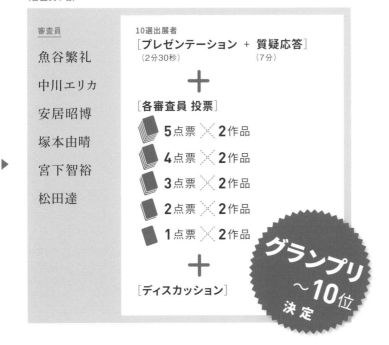

審査員	10選出展者
魚谷繁礼	［プレゼンテーション ＋ 質疑応答］
中川エリカ	（2分30秒） （7分）
安居昭博	＋
塚本由晴	［各審査員 投票］
宮下智裕	5点票 ✕ 2作品
松田達	4点票 ✕ 2作品
	3点票 ✕ 2作品
	2点票 ✕ 2作品
	1点票 ✕ 2作品
	＋
	［ディスカッション］

グランプリ〜10位 決定

歴コン公式 YouTubeチャンネル
「歴コンch」
大会の映像を公開中！
視聴はコチラから！

▼　▼　▼

歴コンアーカイブ展

日時： 10月14日（土）〜11月26日（日）
場所： 金沢駅東もてなしドーム地下広場
主催： 歴史的空間再編学生コンペ実行
　　　　委員会／金沢市

過去の歴コン上位作品を紹介するパネルを展示。2022年度のファイナリストたちの作品を通じて、「歴史的空間の再編」をたどる。併せて、歴コンや学生団体SNOUの紹介、石川県ゆかりの作品も展示し、コンペだけでなく地域の魅力も発信する。

審査員紹介

サーキュラーエコノミーの専門家と建築家5名の計6名が二次審査、ファイナルプレゼンテーションにて、出展作品を吟味し、多様な観点から批評する。

魚谷 繁礼
Shigenori Uoya

魚谷繁礼建築研究所 代表
京都工芸繊維大学 特任教授

1977年	兵庫県生まれ
2001年	京都大学工学部卒業
2003年	京都大学大学院工学研究科修了

現在、魚谷繁礼建築研究所代表。京都大学、京都建築専門学校などで非常勤講師。2020年より京都工芸繊維大学特任教授。

主なプロジェクト
「京都型住宅モデル」（2007）
「西都教会」（2011）
「コンテナ町家」（2019）
「SOWAKA」（2019）
「ガムハウス」（2019）
「郭巨山会所」（2022）

受賞歴
JIA新人賞（2020）
北陸建築文化賞（2022）
関西建築家大賞（2022）
日本建築学会賞（作品）（2023）

主な著書
『住宅リノベーション図集』（オーム社 2016）
『魚谷繁礼建築集　都市の時間を重ねる』（TOTO出版 2024）

審査員

©yujiharada

中川 エリカ
Erika Nakagawa

中川エリカ建築設計事務所 代表

1983年	東京都生まれ
2005年	横浜国立大学建設学科建築学コース卒業
2007年	東京藝術大学大学院 美術研究科建築設計専攻修了
2007-14年	オンデザインパートナーズ
2014年	中川エリカ建築設計事務所設立
2023年-	慶應義塾大学 専任講師

大きな模型を最重要設計ツールとし、身体の実感を大事にした設計を徹底。建築未満の小さなスケールのモノや庭にも目を向け、内と外、建築とまちなど、あらゆる境界を横断しながら連続したひとつながりの体験をもたらす建築を目指している。

主な作品
「桃山ハウス」（2016）
「MC-EN@Hayama」（2022）
「MC-EN@Akiya Smart Village」（2023）
「八事ハウス」（2023）
「ヤマナカテラス」（2023）

受賞歴
第23回JIA新人賞（「ヨコハマアパートメント」※オンデザインと共同設計）
住宅建築賞2017金賞（「桃山ハウス」）
第34回吉岡賞（「桃山ハウス」）

主な著書
『中川エリカ 建築スタディ集 2007-2020』（TOTO出版 2021）

審査員

安居 昭博
Akihiro Yasui

Circular Initiatives & Partners 代表

1988年	東京都生まれ
2019年	キール大学（ドイツ） 「Sustainability, Society and the Environment」修士課程修了
2019-21年	オランダでサーキュラーエコノミーの研究を進めるとともに、日本企業や自治体向けの視察イベントを開催、Circular Initiatives & Partners創業
2021年-	京都市在住。 京都市委嘱 成長戦略推進アドバイザー、世界経済フォーラムGlobal Future Council on Japanメンバー

企業や自治体のほか、「京都音楽博覧会」や「森、道、市場」などの音楽イベントでもサーキュラーエコノミーのアドバイザーを務め、資源環境の仕組みづくりを進める。2022年、梅酒の梅の実、生八ツ橋、酒粕、おから、レモンの皮など、京都の副産物・規格外品を活用し、福祉作業所と製造連携し「京シュトレン」を開発するお菓子屋「八方良菓」を創業。

受賞歴
青年版国民栄誉賞（TOYP2021）
「内閣総理大臣奨励賞（グランプリ）」（2021）
サステナアワード2020「環境省環境経済課長賞」（2021）

主な著書
『サーキュラーエコノミー実践 オランダに探るビジネスモデル』
（学芸出版社 2021）

審査員

©TOTO GALLERY・MA

塚本 由晴
Yoshiharu Tsukamoto

東京工業大学大学院 教授
アトリエ・ワン

1965年	神奈川県生まれ
1987年	東京工業大学建築学科卒業
1987〜88年	パリ建築大学ベルビル校(U.P.8)
1992年	貝島桃代とアトリエ・ワン設立
1994年	東京工業大学大学院博士課程修了
2022年	ウルフ賞

Harvard GSD、UCLA、Royal Danish Academy of Arts、Barcelona Institute of Architecture、Cornell University、Columbia University、TUDelftなどで客員教授を歴任。

主な作品
「ハウス&アトリエ・ワン」(2006)、「みやしたこうえん」(2011)、「BMW Guggenheim Lab」(2011)、「Logements Sociaux Rue Ribiere, Paris」(2012)、「恋する豚研究」(2012)、「尾道駅」(2019)、「ハハ・ハウス」(2021)

主な展覧会
「いきいきとした空間の実践」(ギャラリー間 2007)、「Tokyo Metabolizing」(ベニスビエンナーレ日本館 2010)

主な著書
『メイド・イン・トーキョー』(鹿島出版会)、『ペットアーキテクチャー・ガイドブック』(ワールドフォトプレス)、『図解アトリエ・ワン』(TOTO出版)、『Behaviorology』(Rizzoli New York)、『WindowScape』(フィルムアート社)、『コモナリティーズ ふるまいの生産』(LIXIL出版)、他

審査員

宮下 智裕
Tomohiro Miyashita

金沢工業大学 教授

1968年	静岡県生まれ
1991年	芝浦工業大学建築学科卒業
1993年	芝浦工業大学大学院工学研究科
	修士課程(建設工学専攻)修了
1997年	南カリフォルニア建築大学(SCI-Arc)大学院
	修士課程修了
1999年	芝浦工業大学大学院博士課程工学研究科修了
2002年	金沢工業大学環境・建築学部建築学科講師
2022年〜	金沢工業大学建築学部建築学科教授

受賞歴
金沢市都市美文化賞(「アルミハウスプロジェクト」、2009)
Low Carbon Life-design Award 2009 「環境大臣賞」(「ATATA−KAYA」、2009)
北米照明学会IES ILLUMINATION AWARD 2010 (2009)
(社)アルミニウム協会賞「開発賞」(「アルミハウスプロジェクト」、2010)
日本建築家協会環境建築賞(「A-ring」、2011)
第11回JIA環境建築賞 入賞(「A-ring」、2011)
第4回サスティナブル住宅賞 優秀賞(「A-ring」、2011)
科学ジャーナリスト大賞2018 (「世界を変えた書物展」、2018)、他

主な著書
『金沢らしさとは何か?』(北國新聞社 2015)、『境界線から考える都市と建築』(鹿島出版会2017)『木で創る ーその蓄積と展開ー』(谷口吉郎・吉生記念金沢建築館 2022)

審査員

松田 達
Tatsu Matsuda

静岡文化芸術大学 准教授
松田達建築設計事務所

1975年	石川県生まれ
1997年	東京大学工学部都市工学科卒業
1999年	東京大学大学院工学系研究科建築学専攻 修士課程修了
2001年	隈研吾建築都市設計事務所勤務
2002年	文化庁派遣芸術家在外研修員として パリにて研修
2005年	パリ第12大学大学院パリ都市計画研究所 DEA課程修了
2007年	松田達建築設計事務所設立
2011～15年	東京大学助教
2015～20年	武蔵野大学専任講師
2020年～	静岡文化芸術大学准教授

主な作品
「リスボン建築トリエンナーレ日本帰国展」会場構成
「フラックスタウン・熱海」(今村創平、大西正紀、田中元子と協働)
「JAISTギャラリー」(林野紀子との共同設計)、他

受賞歴
第16回木材活用コンクール 木質デザイン特別賞 (「JAISTギャラリー」)、第42回いしかわインテリアデザイン賞2013 石川県知事賞 (「JAISTギャラリー」)、日本商環境デザイン協会 JCDデザインアワード2013 BEST100入選、日本空間デザイン協会 DSA Design Award 2013 空間デザイン賞、他

主な共著書
『記号の海に浮かぶ〈しま〉(磯崎新建築論集2)』(岩波書店 2013)、『ようこそ建築学科へ! 建築的・学生生活のススメ』(学芸出版社 2014)、『建築系で生きよう。 若い人に聴いて欲しい本音トーク』(総合資格 2015)、『建築思想図鑑』(学芸出版社 2023)、他

ファイナルプレゼンテーション 司会

林野 紀子
Noriko Rinno

金沢大学、金沢美術工芸大学 非常勤講師
りんの設計一級建築士事務所
歴史的建造物修復士

1997年	東京大学文学部美術史学科卒業
2000年	東京大学工学部建築学科卒業
2000～03年	阿部仁史アトリエ勤務
2005年	東京大学大学院修士課程修了
2005年	林野紀子建築設計事務所設立 (金沢市・甲府市)
2009年	ベルギーゲント市滞在のため事務所休止 ※Gent univ.及びA+の協力を得て フランドル地方の現代建築調査を行う
2012年	事務所名変更 (りんの設計一級建築士事務所)

主な作品
「JAISTギャラリー」(松田達建築設計事務所との共同設計 2012)
「哲学者の家」(2012)
金澤町家保存改修事業

受賞歴
第16回木材活用コンクール 木質デザイン特別賞
(「JAISTギャラリー」)
第42回いしかわインテリアデザイン賞2013 石川県知事賞
(「JAISTギャラリー」)、他

主な共著書
『ようこそ建築学科へ! 建築的・学生生活のススメ』
(学芸出版社 2014)

循環が／建築
建築／が循環

日　時：**2023年11月19日（日）**10:00〜11:50

場　所：**金沢学生のまち市民交流館 交流ホール**

概　要：会期2日目、ファイナルプレゼンテーションに先駆けて、
　　　　審査員たちによる記念講演とトークセッションが開催された。
　　　　近年、多様な角度から「循環」というキーワードが重要となっていることから、
　　　　今回のテーマは「循環が建築／建築が循環」。
　　　　建築の中にある循環の方法や循環の中にあるこれからの建築について考える機会として、
　　　　講演者の魚谷繁礼氏、中川エリカ氏、安居昭博氏の3名に
　　　　さまざまな事例をご紹介いただいた。

地域性や歴史性を循環しながら先へと進める

魚谷 繁礼

▶ 建築で社会をどう良くしていけるか

　魚谷と申します。よろしくお願いします。僕は京都で建築の設計をしています。京都は中国の影響も受けながら1200年くらい前にできた都市で、形を変えながら現在に至っています。特に表の街並みと街区の中央の混沌とした世界が、グリッドの寸法が大きい京都の特徴であり、そういうところに関心を持っています。最初に、18年前に設計した「京都型住宅モデル」を紹介します。これは街区の中央に連担した空地をつくるために、隣りの庭と庭をつなぐように雁行形に建物を配置しています。うなぎの寝床状の敷地に対応するように壁構造にしていて、壁を3枚建てて屋根を掛けて、横架材や床で空間をつくり、建具で間仕切って奥行きをつくっていくイメージです。この中では四季に応じて、たとえば建具の開閉によって屋内空間になったり、お祭りの時に道路に開放したりといったことを考えました。そしてこの壁のスケルトン性を利用して、ライフスタイルの変化に応じて床を増やしたり、改修や減築して違うものをつくったり、建築自体も変わっていくことを考えています。また、壁で表と裏をつなぐイメージで、壁は12×45cmの断面の集成材を柱として並べています。この集成材が構造、断熱、調湿、外装、内装、準耐火といった機能を担っています。そのため、梁を高さ的にも平面的にもどこにも掛けられるので、減築する時にはこの内装材がそのまま外装材になります。今、この集成材を120角の柱材を連結させて、240×120cmの無垢材でできないかと考えています。それができると、山の木を使わずに育てたい時には規格化することでリユースができて、最終的にはリサイクルで使っていけます。つまり、単純な循環の話だけではなく循環の選択肢をつくれるのです。

© 杉野圭

京都型住宅モデル

　ここから町家の改修事例を紹介します。「永倉町の住宅」では、路地の奥に長屋が3軒あるうちの2軒と、離れたもう1軒を合わせて1軒の住宅に改修しています。壁を1枚入れて、元々の奥行きに加えて、街区の中央に向かう奥行きもつくりました。改修前はボロボロでも改修できるので、伝統木造は本当によくできています。面白いのは、焦げている柱があって普通の柱もある。つまり、この家が燃えたのではなくて、どこかから燃えた柱を持ってきてつくっているのです。それから、建物に元々使われていた土壁をいったん崩して、寝かせて腐らせて、もう一度塗っているのですが、これもまたすごいと思いますが、実はこれは僕が住んでいる家なんです。次は、ウラの長屋というプロジェクトで、これも路地の奥です。元々あった土壁の上に白いペンキなどが塗られていたので、それを全部剥がしました。クロスなども全部剥がして構造を現しにして健全化しています。町家はとても改修しやすく、柱と梁で囲まれたところに壁を塗ってプランニングしているので、柱の位置を変えられるし、柱を取って梁を大きくしても構わないし、柱が腐って

いたら根継ぎをしてあげればいい。真壁工法も傷んだらすぐにわかり、将来的にも改修しやすくて非常に優れている工法です。ほとんどの材料が自然素材で、木や土や竹、瓦も土を焼いてつくられています。

僕はこれまで国内で150件ぐらいの町家長屋の改修に携わっていて、その時々で社会に対するテーマにどう応えられるのか、汎用性のあるモデルをつくろうと思い取り組んでいます。社会問題を解決するというよりは、社会性に対して建築でどう関わり、社会をどう良くしていけるかを考えています。このコンペのテーマのように、建築空間の再編でそれができるかもしれないし、あるいは歴史的都市空間の再編を考えながら建築で関わることもできると思います。

▶ 路地を生きたものとして継承したい

30選の作品を見ていると路地をテーマにしたものがあまりなかったので、ここではもう少し路地をテーマにしたプロジェクトを紹介します。京都の旧市街の路地をプロットしたものを見ると、ある時を境にどんどん路地が減っていきます。単純計算するとあと20年で京都の旧市街の路地は全て消えてしまうのです。グリッドという単純な格子状の街路ですが、路地が街路に対して非常に対称的な空間性を持っていて、これによって京都の都市空間が豊かになっています。だから路地は上手く活用しながら、ただ残すのではなく生きた路地として残していきたいのです。

路地の奥に長屋がずらっと並んでいて、これをシェアハウスに改修するプロジェクトに取り組みました。路地に面して入口がたくさんあることがいいと思ったので、リビングアクセスではなく、直接路地から自分の部屋を通って、その奥に共用空間、さらに奥に庭があるという、公共私ではなく、公私共の順番にプランニングしています。

「永倉町の住宅」(上・改修前、下・改修後)

次は、路地は安全性が高く、路地奥は再建不可なので安いため、シングルマザーの人たちが皆で子どもを育てる路地にできないかと企画して実現したプロジェクトです。本来は奥にある縁側が、路地の表に持ってくることで家と路地の緩衝空間になり、子育ての舞台となります。

次のプロジェクトでは、街路の奥に路地がある12軒ほどの町家長屋では、全部空き家だったので1軒1軒をゲストハウスにして、路地全体で一つのホテルにすることを考えました。インバウンドが収まればまた住居に使えるようにプランニングしています。まだ周りに人が住んでいる路地では、4軒長屋を宿泊施設にして、この場所を宿泊客だけではなく、路地に住む人が皆で使える場所にしています。観光地に近ければ宿泊施設、住宅地であれば住居など、その地域の現況に応じた用途を考えていくことで地区計画ができます。京都は今、インバウンドで観光公害が叫ばれていますが、ただこれを拒否するのではなく、逆に上手く利用して、そういう時でしかできないように町家を残し、継承できないかと考えています。

皆で子どもを育てる「晒屋町の長屋群」

それから路地奥で3軒町家を1軒の住宅にしたプロジェクトがあります。路地の一部を壁で仕切って中庭化しており、グルっと中へ入り歩いて上っていくと、屋上から山が見渡せる街区の外から中へ入りグルっと展開して盆地の中から外へと開けるような空間体験を考えました。また別のプロジェクトでは、路地に面して長屋が並んでいる形と通り土間に面して部屋が並んでいる形がフラクタルに感じたので、通り土間を路地化すべく減築で屋外化し、建築の中に都市空間を引き込みました。家の中に路地が入ってきて、あちこちにつながっていきます。それから新築では、

4軒長屋を宿泊施設にした「西六角町の宿群」

敷地に面してあちこちに路地があるところでシェアハウスをつくりました。住民が都合のいい路地を通って自分の部屋に入って、その奥にある共用空間にアプローチするというものです。新築でも既存の路地を活用して計画しています。駐車場の中に長屋が3軒残されていたところでは、路地の痕跡もあったので、京都の市街地形成の過程を示す遺構として長屋路地を、保存するのではなく、生きたものとして継承したいと考えました。そこで、通常であればそのまま残すか、取り壊してマンションにするかもしれませんが、そこに鉄骨でフレームを架けてコンテナを積んで前庭として事務所ビルにしました。外壁をなくすことで生きた都市遺構として路地や長屋を残せると考えたのです。ここでは路地をただ残すだけではなくて、路地があちこちに伸びていき、路地が通り土間の中を抜けて裏を巡っていきます。コンテナの隙間も路地になって奥に抜けると避難のためのドアがあり、そのドアを抜けると路地がある。今、こちらの土地をオーナーが買おうとしてくれていて、そうすると路地がどんどん伸びてつながり、防犯にも役立ちます。

それから路地を残すだけではなくて、隙間を開けてそこに新しい路地をつくりたいと考えています。路地はどんどん減っているけれど、50年後ぐらいに誰かが路地の調査をして、「なぜか2020年代だけ路地が急増している」といった状況をつくれたら面白いですね。また、計画中のプロジェクトで、路地が折れ曲がっていて、向こうに長屋が並んでいてそこに建築をつくるというものがあります。今回つくる建築は分棟型にして、新しく路地をつくり、既存の路地を入っていって長屋が並んでいるところにも顔をつくり、片側長屋を両側長屋にできないかと考えています。

▶ 掘り起こしつつ新たな意味を積み重ねていく

最後に紹介するのは、既存の祇園祭の会所の増築で、床面積を大きくして、既存建物を後世に継承するというものです。ここで考えたのは、元々あった部分と新しい部分の区別が付くのと同時に、全体としても一体的に感じられるようなボリュームをつくることです。このようにお祭りの継承にも関わることができました。

今回のテーマについて考えてみたのですが、当然、材料が循環するということがあると思います。それからプランでは間取りなどが季節によって変わる、また循環ではないかもしれませんが、人が生活していく中でどんどん更新していくということもあります。そして循環には時間の概念もあって、1日1日や季節など同じ時間がぐるぐると循環しています。その一方で不可逆的に進んでいく時間もあり、そうした2つの時間があると思いますが、その中で歴史都市は、保存でずっと変わらないのもつまらないです。保存と更新の両方があっていいのではないかと建築についても思っていて、保存か開発かではなく、何かを引き継ぎつつも何かが加えられて後世とつないでいきたい。だから循環も同じところをぐるぐる回るのではなくて、循環しつつも先に進んでいきます。京都で仕事をしていると都市のことも考えやすいし、100年前のものがあるので100年後のことも自然と考えやすいです。古いものが残っていることがいいのではなくて、古くからずっと時間を掛けていろいろなことが重なりながら今に至っていることがいいのだと思います。それをただ掘り起こすだけだと消費でしかないので、掘り起こしつつ新たな意味を積み重ねていける建築をつくりたいと思いながら、普段仕事をしています。そういう意味では、地域性や歴史性といったコンテクストを循環しながら、先へと進めていくことに僕は興味を感じています。

模型でしかできない建築を求めて

中川 エリカ

▶ 何を表現すると面白くなるのかを模型で検討する

　よろしくお願いします。中川です。私は建築家と呼ばれる仕事をしていますが、最も受けてはいけない質問の一つが、「なぜこれはここに建っているのか?」です。それは、土地と切断されて体験を二の次にした建築があまりに多い、つまり循環していないということだと思います。私は土地と連続することで新しい体験を生み出す建築を探求しようと日々仕事をしています。そのために大きい模型で身体的に考えることを徹底してやっていますが、「大きい」には「敷地よりも大きくつくる」、「物理的に模型のサイズが大きい」という2つの意味があります。模型で考えるのは都市に対する建築の新しい態度だというビジョンで、まちを多種多様な材料の集合体と捉えて模型化して、それらと連続した建築をつくっています。たとえば「丘端の家」という住宅は木造密集エリアにあり、全体が借地で袋小路が多く、木造の賃貸アパートがとても多い場所でした。周りが前面道路でごみ捨て場とポストが異常に多く、隣りが八百屋さんで道に張り出していて、焼き芋を売るトラックとおばちゃんがやってくる。その一つひとつが建築よりも小さく他愛もないことだけれど、まちの雰囲気をつくっています。借地エリアなので路地が細く、人がギリギリ通れるくらいの隙間がたくさんあり、そこにポストや表札を出していたり、金魚を飼っていたり、人の生業的な営みが溢れていて、それもこのまちの特徴だと思いました。それらを踏まえて設計では、日常の臓物がそのまま立ち現われたような形をつくろうと考えたのです。あらゆる隙間から人が入れるように4面全てに玄関があり、それらが階段でつながって、その隙間が居場所になり、突き当りは寝室で、階段の下の吹き抜けは高天井でほの暗く食事をする場所という家です。住人が何をしているかが外に少し見えて、部活で使うサッカーボールやDIYのための工具など、立面にいろいろな物が置かれています。そういう一つひとつが家をつくる材料になると考えて設計しました。

　次に大通り沿いに建つ地下1階、地上5階のSOHOです。大通り側はとても広く建物も高いのですが、裏側は2階建ての木造アパートがひしめいている、典型的なガワとアンの構造です。そこで駐車場1台分より少し広いぐらいの敷地なので、下の階と上の階で快適さが違います。下は暗くて落ち着いていて、上は周りの建物よりも視界が抜けるのでペントハウスのような快適性がある。それらが同じ1棟という括りだけで同じ間取りでいいのかと思い、階ごとの快適な暮らしをそのまま積み重ねるようにつくろうと考えました。配管も建物内に余裕がないので外側に出しています。そのためメンテナンスもしやすいし、メーターも外に出ていて、部屋ごとに水回りの位置も違います。1部屋が20平米を切っていて、1DKといった括りにするととにかく狭いので、数字に縛られない居場所がいくつできるかを模型で検討して、ここはソファーが置けるとか、スツールしか置けないとか、家具のサイズで測りながら設計していきました。そうすると図面では見過ごされてしまう小さな隙間もくまなく居場所に見えてくるのです。1／1で梁をつくると、「ブレースのところは鍵を引っ掛けるのにぴったりだ」という風に、構造材が全て棚のように思えてきます。それがいつ

「丘端の家」

もの空間を材料ごとに微分したような空間に感じられて、私たちは「微空間」と呼んでいました。そうすると、家の中に置ききれないものが出てくるので、家の中から見た時に庭だと感じられるような玄関周りをつくろうと、各部屋に通じる共有の階段を置いて、路地が巻き上がったような階段になるよう設計しました。これがエスカレートしていくと、構造の接合部のプレートと各階で異なる配管を徹底的に模型化します。そもそも上の階の配管が下りてくると下の階で窓を開けられないので、そのチェックのために模型をつくり始めました。配管をどうするかスタディするのですが、やっているうちに「配管がファサードをつくる材料になると面白い」という境地に達してきました。「給湯器やメーターの配管は共通だから、共有階段の梁に添わせた方がいい」ということを真面目にやったのです。都市をリサーチして模型で立体化するのですが、設計してから模型をつくるよりも、何を表現するとこのまちらしさが出るのか、この建築が面白くなるのかを模型で検討しています。そのうちに気付いたら設計が始まっている、何をスタディするべきかが模型でわかってくる、そういうやり方です。リサーチからまちにありふれた身の回りのものを拾い上げ、材料として巻き込むことで、見たことのない建築が生み出されると思っています。

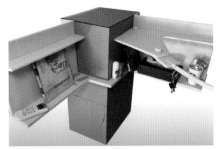

いつもの空間を材料ごと微分したような空間＝「微空間」

配管がファサードをつくる

「超部分」を徹底的に模型でスタディ

　私は2014年に独立して、模型を設計の方法として徹底するとどういう建築ができるのか考えてきました。そして最初につくった建築が「桃山ハウス」です。これは、屋根と屋根を支える柱は新築、塀や庭は既存という新旧の材料を混ぜ合わせてつくりました。敷地への道中は山を切り崩した古い造成地で、さまざまな表情の擁壁の間を歩いて敷地に向かいます。ヘアピン状のカーブが続く山道で、すでに塀に囲まれていて外から中がほとんど見えないため、プライバシーは確保されており、屋根さえ掛ければ建築に近づくと思わせる場所でした。しかも庭の材料がたくさん残っていて、処分するよりも生かした方がいい建築になると考えました。そこでまちも建築も材料の集合でできていると捉えて、敷地自体を材料として、新旧の材料を混ぜ合わせながら建築として組み立てていくことを考えました。最初は1／50の模型でスタディして、カーブと古くて色ムラのあるコンクリートブロックが重要だとか、道路側に出ている消火栓のニョキっとした感じはカワイイから重要だとか、全部模型にします。塀に対して屋根を掛ける際は、普通は居室の高さは何mの天井が必要なのか建築の事情で決めていきますが、ここでは「塀に対してどのぐらいの高さの屋根があると山を見通せるか」という、既存の塀の都合で決めています。また、1／50では模型を上から見てしまうので、横から見るために1／20にスケールを上げて、塀と屋根の高さや柱の位置も調整しました。山のグネグネ道が搬入路になるので大きなものはそのまま持ってこれない、また海に近いので溶接を回避するため、現場で2畳サイズのパネルを乾式で組み立てています。吊り上げて組み立てて屋根にしているので、柱は内外同じ表情にしたいと考えRC造にしました。上の屋根の部分は小さくして運ぶため鉄で、その接合部がピン接合で、現場の方につくれないと言われたので、「こうすればつくれるはずだ」と1／1の模型でやり取りをしました。ピン接合のため屋根から飛び出た柱も構造として参加でき、足元のレベルでは庭の要素にもなり、一つの要素が一つの役割だけでなく、複数の要素を横断しながら役割を果たすことを意識しています。柱は1820mmの2畳のグリッド状に14本あって、内部は2本、屋根の下は4本、屋根の外に8本と内側から外側に発

「桃山ハウス」

散するような配置にしており、それが結果的に外に向かう開放感も生み出しています。内部は2本だけで、普段境界を感じてしまう要素をずらしながら重ねることで、家の中でもどこまでもつながっていく庭のような感じを意識しました。

2021年にギャラリー間で展覧会を開いてからは、「模型でしかできない建築」からもう少し発展して考えていることもあります。最近事務所でよく話すのは、全体のルールを決めてから部分を決めることが多いけれど、「全体に決定的な影響を与える部分」とは何かということです。先ほどの話のように、建物よりも小さいけれどもまちの雰囲気に決定的に影響を与

「八事ハウス」

えるものを探していて、それを「超部分」と呼んでいます。また、正しすぎる社会に対して少し疲れているところもあり、意味やプログラム、言語でつながるのではなく、身体で共通する感覚を得られる共同体にも興味があり、それを「非言語共同体」と呼んでいます。それらを踏まえて、明日引き渡しのプロジェクトが「八事ハウス」です。既存の高さ4mの擁壁を挟んで、上下の敷地の間の高低差が約11mという大変チャレンジングな住宅です。右側の高い方の敷地を買い足されて、平屋がいいということで、擁壁も既存の家も残して、既存の2階に接続する平屋を段々状につくることにしました。擁壁際に基礎を打ちにくいため、新築部分の全体の構造は4本の柱だけで持たせています。そうするとその4本が尋常ではない存在感を持ち、その上のうねうねの屋根とともにすごい全体性を規定しそうな感じになります。家の中を歩くことを考えると、大男とすれ違ったような気持ちにはなるのですがそれは一瞬のことで、全体の印象は躯体が決めている訳ではありません。体験においては、家具による高低差みたいなもの、木のサッシや仕上げのタイルの方がよほど決定的な影響力を持つことが模型をつくってわかってきて、それらをこのプロジェクトにおける超部分と呼んで徹底的に模型でスタディしました。

私は高校2年生まで渋谷から徒歩圏内のマンションで育ったのですが、最寄りの児童公園までの道中に、都市が入り乱れるような境界の曖昧さがあり、公私が完全に混合しているところでした。どんどん道が細くなり幅員が一定でないことも原体験としてあり、曲がり角が多くて先が見通せないことを自然だと思う感覚も幼少期に醸成されたのかもしれません。旗竿敷地も多くて、道路に面する棹の部分を持ち主の方が勝手に仕上げて、公の場所からそれが見える。それが繰り返される風景もよく見かけていました。幼少期に公私混合の面白い体験を繰り返してきたことで、道路も含めた空地や日常の雑多さが、個人の感覚に属しているのだけれど、都市のルールになってしまう。そういう面白さに対する興味が知らず知らず醸成されて、それが今の自分の設計に結び付いているという意味で、私も循環していたという話でした。ありがとうございました。

公私が混合する道

[講 演]
サーキュラーエコノミーの視点からデザインする

安居 昭博

▶ 捨てずに次の世代へつないでいく

　安居と申します。よろしくお願いします。「サーキュラーエコノミー」という言葉を初めて聞く方が多いと思いますが、簡単に説明しますと、これまで大量生産大量消費で廃棄されることが前提だった経済や社会の活動において、ビジネスモデルや政策、もしくは設計やデザインの初めの段階から廃棄を出さない仕組みを整えることで、経済にも環境にもメリットがあるという考え方で進められているものです。EUの欧州委員会でサーキュラーエコノミー政策が官民共同で進められていて、アメリカや中国、インド、そして日本でも進められています。まずはあえてスマートフォンやファッションの領域の話をして、その後に建築の話をしたいと思いますが、最も頻繁にいただく質問の一つが、「リサイクルやアップサイクルと何が違うのか?」です。私は普段、オランダの企業が開発した世界初のサーキュラーエコノミー型のジーンズである「マッドジーンズ」を履いていますが、これは購入ではなく月額制でリースしています。そうすると、使い終わった後に企業に返却することになり、企業は回収して繊維に戻して、また新しいジーンズをつくって供給する、廃棄が出ないビジネスモデルを展開できます。今までのモデルでは、政策を決めていく段階では廃棄が前提で、リサイクルやアップサイクルは、大量生産大量消費型でつくられたものに対して後から延命措置を図る対症療法的なものでした。一方でサーキュラーエコノミーは、私は予防医療のように捉えています。企業はいかに利用者に捨てさせないで返却してもらえるのかを考えて、キャッシュバックやサブスクリプションといったモデルを実践します。始めにビジネスモデルが形づくられた後に、製品の設計やデザインを完全に見直すのです。たとえば従来のジーンズでは後ろに革のラベルが配置されていますが、返却が前提の場合はラベルがない方が繊維に戻しやすいので、ラベルは採用しません。またファスナーではなく、繰り返し使用できるボタンを採用するという形です。最初にビジネスモデル、次に設計やデザインというのが、サーキュラーエコノミーの特徴であり面白さです。

　私は2年半前にオランダから京都に移住して、活動拠点としています。主な事業としてサーキュラーエコノミーの実践型の研修をオランダや京都で開催しており、今年も3回渡欧しました。他にも衣食住さまざまな領域で、企画のプロデュースやアドバイザリーもしています。昨年は京都で八方良菓というお菓子屋さんも始めました。これまでの大量生産大量消費型のモデルは、地球上の資源を取ってつくって使って捨てるという一方通行だったので、「一方通行型モデル」とも呼ばれており、一方のサーキュラーエコノミーでは、最後の「捨てる」という段階がないのが特徴です。また、リサイクルやアップサイクルも最後には捨てるのが前提で、大量生産大量消費型に近いモデルです。別の例では、オランダの企業が開発した「フェアフォン」というスマートフォンがあり、利用者自身でパーツの交換やアップグレードができるサーキュラーエコノミー型の設計となっており、中を開けてカメラだけを交換することもできます。カメラをアップグレードして使わなくなると企業に返却して、キャッ

オランダ政府：「リニア」から「サーキュラーエコノミー」へ

「リニア」から「サーキュラーエコノミー」へ

シュバックを得られるという仕組みを導入しているのです。こうしたマッドジーンズやフェアフォンに用いられるデザインは「サーキュラーデザイン」と呼ばれています。

サーキュラーデザインによる設計見直しの一例としては、複合材よりも単一性素材の使用が重視されます。アディダスがサーキュラーエコノミー型のスニーカーを展開しているのですが、靴底も靴紐も本体も全て単一性素材でできています。返却された時にそれらを分類する必要がなく、そのまま機械に投入して新しいスニーカーをつくることができるのです。建築でも、たとえばアルミニウム97％に3％だけでも鉛を混ぜると、黒光りしたカッコいい仕上がりになります。しかしその建材が使われなくなった後、3％でも鉛が使われていると、食品が触れるような用途では使えなくなり、複合材であればあるほど価値が落ちてしまうのです。また、溶かして再び金属に戻すと鉛の割合が変わってしまい、耐震強度などにも影響が出るので、建築の分野でも単一性素材が重視されていると伺いました。オランダのABN AMROというメガバンクが建てたCIRCLEという建物は、接合部分に接着剤を使わず、全てネジやビスで留められています。この建物が不要になった時に、建材をバラバラに分解して移築できることが前提で、廃棄が出ない建築もオランダで進められています。一方で、私が日本に拠点を移した理由でもあるのですが、ヨーロッパの取り組みを知れば知るほど日本ならではの可能性が見えてきました。サーキュラーエコノミー型の木造建築がヨーロッパで注目を集める中、そもそも金具やビスすら使わずに木と木で組むという日本の伝統工法が再評価されていることは非常に面白いです。加えて、サーキュラーエコノミー型で一部進められている、「マテリアルパスポート」というものがあります。見た目や触れるだけで何の素材か、複合材であればあるほどわからないと思いますが、金属や建材にQRコードを刻んで、素材の情報や修理のデータが記録されていたとしたら、この建物を200年、300年後に解体しても、きちんと次の世代につないでいくことができます。データを記録して、次の世代に伝達していくことで、その素材の価値を下げずに再資源化を進めるのがマテリアルパスポートで、QRコードやブロックチェーンを用いた取り組みが進められています。その視点でもう一度オランダを見てみると、信号も標識も駅のプラットホームも、本当にたくさんのものに分解できる仕組みが導入されていることがわかりました。

建築とサーキュラーエコノミー　【サークル（CIRCL）】
・木造による分解できるサーキュラー建築（主構造材への接着剤不使用）
・法的整備を伴う、リサイクル・コンクリートの活用（30％）
・100％自家発電を達成（ソーラーパネル＋風力）
・メガバンク（ABN AMRO）によるサーキュラーエコノミー推進
・軍事産業からのダイベストメント（脱投資）を実

建築とサーキュラーエコノミー

未活用の自然素材で、日本は資源大国になれる

サーキュラーエコノミーからさらに一歩踏み込んだ「バタフライ・ダイアグラム」というものがあります。図の一番外側の上から資源を投入して、企業が加工・製造・販売し利用者に渡った後、従来は下にすとんと落ちて焼却処分や埋め立てされてしまっていたものが、サーキュラーエコノミー型では上に輪を描いて戻すことが重視されています。その時に、このバタフライ・ダイアグラムが優れている点は、上に戻していく時に輪の大きさが小さければ小さいほど環境と経済の両面でメリットがあることです。大きな輪を描いているリサイクルはそのための工場が必要で、エネルギーや運搬が発生しますが、その内側のリユースでは工場は必要ありません。では、リサイ

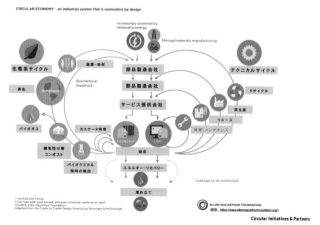

バタフライ・ダイアグラム

クルやリユースよりももっと内側に何があるかというと、利用者自身に修理やメンテナンスをしてもらうということです。現在EUでは、こうした理論的な背景のもと企業に対して、「ユーザー自身が修理やメンテナンスできる仕組みでなければ、将来的にビジネスを続けられなくなる」という勧告がなされています。さらにもう一歩踏み込んだR-ladderでも上の方から、必要のない資源は徹底的にリデュースするR、それからリユース、そして下の方にリサイクルが示されており、サーキュラーエコノミー型の商品開発をする時には、リサイクルから取り組むのではなく、R-ladderを用いて上から優先順位、そして効果順位の高いものから取り組んでいくことが重要視されています。私がよくいただく質問の一つに、「生分解性や自然由来の素材を採用すればサーキュラーエコノミー型の事業として十分ですか？」というものがありますが、それは川上の素材選びでしかありません。それでは十分ではなくて、誰がどこでどのように回収して、修復・メンテナンスをして、川下から川上に新しい形でどう戻していけるのか、川上と川下を包括する取り組みが非常に重要になります。その中で、川上側では競合関係にあった企業同士が、川下の回収、そして川上に戻していく逆流通と呼ばれる段階において、連携を図る取り組みが日本でも進められています。たとえば花王やライオンは川上ではライバルですが、川下や逆流通では連携するという流れが見られます。

　ここで視点を変えて、江戸時代ではサーキュラーエコノミーがかなり質の高い形で進められていたと言われています。その一つの要因として、木材や茅、石、竹、麻綿など、当時の社会や経済を構成していた素材のほとんどが自然由来のものでした。一方、現代の生活では、人工物との向き合い方がキーになってきています。自然由来の物質だけで構成できるものは100%それで構成して、どうしても人工物が必要であれば単一素材を活用するというように、人工物と自然由来のものを分けて考えることも重要なポイントです。その中で、日本の伝統的な軸組工法や和紙、土砂、貝殻といった未活用だった資源を活用するという視点で日本の持つ自然素材に目を移すと、実は日本は資源大国になれるという指摘もあります。先月開催されたダッチデザインウィークというヨーロッパで最大規模のパビリオンでは、分解できる工法が導入され、イベント期間が終わったら処分するのではなく、分解して回収します。そうした廃棄が出ない建築がさらに自然由来の素材でできているのです。サーキュラーエコノミーの3原則の一つ目に、Regenerate Nature Systemsというものがあります。サステナビリティは現状維持の意味合いが強く、たとえば酸性雨の問題は次の世代に継承したとしても、次の世代にとってもマイナスの状態でしかありません。それに対して、自分たちの取り組みを通じていかにポジティブな影響を及ぼしていくかというregenerativeな取り組みが重要になるのです。竹中工務店のチームが大阪万博に向けて進めているプロジェクトでは、大豆由来の生分解性素材で3Dプリンターを用いて建物をつくっていますが、イベント期間中にだけ必要な建物をつくるのではなく、終わったらその土地に木々を残そうと、ブナやクヌギなどの種を和紙に吹き込んで張り付けています。そういうregenerativeな取り組みも実はすでに日本各地で進められているというところで、私の話は終わらせていただきます。ありがとうございました。

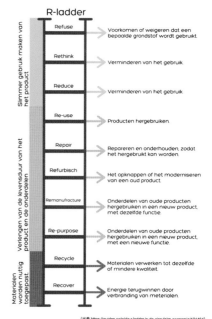

R-ladder

サーキュラーエコノミーの3原則

循環が／建築
建築／が循環

「循環が建築／建築が循環」をテーマに、
記念講演の講演者3名にモデレーターの松田達氏、コメンテーターとして
塚本由晴氏、宮下智裕氏を加えてトークセッションが開かれた。
「サーキュラーエコノミー」や「継承」、「公私の混合」といった
記念講演で述べられたキーワードからトークが展開し、
新しい建築の可能性が見えてくる。

脱成長とサーキュラーエコノミー

松田：先生方、ありがとうございました。今年も大変に密度の濃いお話でした。安居先生はサーキュラーエコノミー研究家ということで、私たちが循環型と聞くとすぐリサイクルすれば良いという風に考えるところ、リサイクルは最初の段階であってリユースやリデュース、そしてサーキュラー、リジェネラティブにつながっていく、というお話をしていただきました。再生することの重要さ、あるいは持続可能性というサステナブルという言葉も、実は現状維持であって、もっと積極的に今の環境に対して働きかけないといけないことを、オランダの事例を中心に、マッドジーンズやフェアフォンなどの試みが実際に始まっているというお話をいただきながら、逆に実は日本の中ではそういう試みに近いものは江戸時代からあったという視点も加えてお話をいただきました。

魚谷先生からは、京都のグリッド状の街区の特性を講演全体の背景としつつ、京都での町家の改修を中心とした事例を説明いただきました。京都には路地がたくさんありますが、こうした都市と建築の境界となる路地を、設計における一つのテーマの中心としつつ、どのように町家を改修されてきたのかご紹介がありました。町家をぼろぼろの状態から蘇らせるということは、都市と建築における空間の一種の循環です。さらに、材料、間取り、時間など、複数の視点から循環というテーマへの接続可能性を提示していただきま

した。その中で保存と開発という両立しにくい対立ではなく、保存と更新という両立可能な概念として整理することで、歴史都市を継承しながら先に進めていく可能性を提示されました。すでに150軒以上、町家の改修を手掛けているということでしたが、大きな時間的スケールの中で、都市を修復されているのだと感じました。

中川先生からは、独立された頃のことから、最新のプロジェクトまでをお話いただきました。中川先生は、なぜそこに建っているのかがわからない、土地と切断されたような体験しか生み出さない建築のことを循環していない建築だとし、それに対して土地と連続した体験

を生み出す建築を探求されているということでした。つまりは、循環する建築ですね。模型を重視し、都市のリサーチを模型化し、その検討をしていくうちにいつの間にか設計が始まっているというような、リサーチと設計の連続性についてお話されました。またこうした詳細な模型による検討によって、たとえば、いわば材料ごとに空間を微分した「微空間」が見えてくるという話も印象的でした。もう一つ印象的だったのは、全体に決定的な影響を与える部分を「超部分」として考えているというお話です。部分と全体の関係を見直し、「部分が全体を超える」というケースを見出されたということだと思います。そしてこうした概念と中川先生の設計との関係を示していただきました。

　さて、まず私から先生方にいくつか質問したいと思います。最初に安居先生にですが、たとえば最近、脱成長など、それこそドイツにいらっしゃった斎藤幸平さんがそういう言葉をよく使われたりしています。一見、同じ様な方向性にも見えますが、この脱成長とサーキュラーエコノミーとの間に違いがあるとすれば、どのようなところでしょうか?

安居：表現の違いはとても大きいと思っています。ただ課題や大切にしていることは領域的に近いものがあると思っていて、ヨーロッパでも脱成長という言葉は英語で言うとデグロースですが、その言葉だと少しニュアンスが違うとか、選挙では脱成長を掲げても勝てないので現実的ではないとも言われています。一方でドーナツ経済という新しい経済モデルをイギリスの経済学者が提唱していて、僕はその考えと近いところがあると思っています。このドーナツ経済とサーキュラーエコノミーがどう関連しているかというと、アムステルダム市が公式にサーキュラーエコノミーを今後進めていくに当たって、ドーナツ経済を採用すると2019年に宣言しました。ドーナツ経済がどういうものかをざっくり話しますと、戦後から現在に至るまで重んじられてきた指標がGDPで、1年間当たりの短期的な経済成長を示す指標だったのですが、時間軸を横に取って経済成長を縦に取り、時間軸を経過すればするほど経済成長が右肩上がりになると思われていました。しかし今振り返ってみると、日本もかつてはGDP成長率10％の時代があったけれど、もう一度10％に盛り返すことは難しく、フランスなども同じで、かつて右肩上がりだったところもいずれは右肩下がりになってしまいます。そこでGDPだけではなくて、それ以外のいろいろな指標で評価していくことが大切だという流れがあって、常に右肩上がりが目指されていたGDPに対して、ドーナツ経済ははじめは右肩上がりを目指すけれども、私たちの生活基盤が築かれた後には経済成長は一定を目指して、それ以外のものを満たしていけばいいという考え方です。釣りにたとえるとわかりやすいのですが、GDPでは初めは1匹とか2匹しか釣れないと家族が養えないので5匹、10匹と釣っていくけれど、10匹釣れて家族が養えるようになっても、来年は100匹、500匹、1000匹と数だけを追い求めて、その分だけ時間もエネルギーも費やすことになったとしても、数という指標がとても重んじられていました。一方でドーナツ経済では、初めは1匹、5匹、10匹と家族が養えるまでは右肩上がりの数を目指すのですが、十分に10匹釣れるようになると、来年はどうしたら同じ10匹を釣りながら、子どもに教えて一緒に釣りができるか、また釣り竿を自分でつくって10匹釣れないかというような形で、数は変わっていないけれどそれ以外のものが豊かに満たされていくという世界観を表しています。だから脱成長という言葉をドーナツ経済の視点で見た時には数では変わっていないけれども、それ以外の物事がとても豊かになっている。それは今までのGDPの視点では見落とされてきたけれども、何か大切だよね、居心地がいいよねというところが、どちらも表現されていると私は解釈しています。

松田：資本主義だと10匹以上釣れたら、次はいかにさらに多くの魚を釣るかと考えますが、余剰分は別のことに使うという発想が完全に違うということですよね。一方で、脱成長は余剰分の利用に関しては積極的には問われていないという違いがあるかと思います。ドーナツ経済については、私も安居さんの著書「サーキュラーエコノミー実践」を読ませていただいてわかったのですが、成長を中心からの距離に見立て、ドーナツの内側境界が下限、外側境界が上限になっているということですね。下限と上限の間では、成長し

たりそうではなかったりを繰り返すということだと思います。脱成長の中にもこうしたサイクルは組み込まれており、重なる部分は少なくないと思うのですが、ドーナツの中にいながら他のことを目指すというドーナツ経済とは、方向性が異なるかもしれません。脱成長の場合は、成長ではないという言葉だけが独り歩きして、それだけで敬遠している人も多いかもしれません。大体、このような理解でよろしいですか?

安居:そうですね。脱成長やサーキュラーエコノミーといった言葉を用いたとしても、必ずしも経済成長だけにとらわれるのではなくて、GDPなど短期的な経済合理性という視点など複合的になってきているのだと思っています。たとえばコロナ禍があったことで、自宅でコンポストを始める方が増えたり、山登りや野菜栽培を始める方が増えたりということが日本でもありました。コンポストや野菜を育てても必ずしも経済成長やお金儲けにつながるわけではないけれど、「何か気持ちいいよね」ということで増えていると思います。だから今、それを頭だけでなく、身体感覚的に感じられる世の中の流れにはなってきていると思う面もあります。

都市と建築の循環

松田:ありがとうございます。次に魚谷先生にお聞きします。たくさんのプロジェクトをこなされている中で、どのプロジェクトでも建築や敷地だけでなく、まち全体を考えながら進められていることに感銘を受けました。京都では路地がどんどんなくなっていっているということですが、本当に20年後に路地が全て消えるのであれば、大変な驚きです。金沢では「こまちなみ条例」のように、街区全体が保存すべきものというわけではなくても、ちょっと良い街並みがあればそれも保存しようという、伝建地区とは別の仕組みがあります。京都のような場所で、路地を保存しようという運動、あるいは条例や仕組みをつくろうという動きがないのかどうかが気になりました。そもそもこのままだと路地がなくなっていくという状況を、京都の方々がどれくらい知っているのか、その辺りはいかがでしょうか?

魚谷:単純計算すると20年でなくなるのですが、実際は所有関係でなくなりやすいものがなくなり、それ以外は残っているので、おそらく全部はなくならないと思います。ただ、基本的に今の建築基準法は木密や路地はなくしていく方向ですよね。路地奥では増築や大規模修繕、模様替え、新築などができないので、新しく路地ができることは基本的には難しく、やはり減り続けていくとは思います。京都市では、路地に関しては接道していなくても路地に面しているところはセットバックして新築できるといった形での施策は少し前から始まっています。最近ではそれほどセットバックしなくても再建築や大規模改修ができるという制度もでき始めているので、選択肢が増えることが重要だと思います。今は僕も関わって、再建ではなくて再建不可だからこそ残っている路地奥の街並みもあると思います。だから、そのままの形でも残していける選択肢として、そういう制度もつくろうとしているところです。つまり、路地を残すことと安全性とが相反するものではなくて、残しながらどう安全性を確保するか、そういうものも制度として今つくっています。日本全国で木密のようなものが少し見直されていますが、それが情緒的なものとして愛でられて一時的なブームとなるのではなくて、残すことが重要だと、歴史の中で位置づけていくことが大事だと思っています。

松田:魚谷先生のお話を聞いて、路地を媒介に都市と建築が循環しているようなイメージを持つことができまして、それが今日のテーマにつながっていくと感じました。その流れで中川先生にもお伺いしたいと思います。

　中川先生のプロジェクトは本当に面白く、その中に出てくるいくつかの概念を聞いているうちに、中川先生が数学に関心があるということをどこかで読んだ記憶があることを思い出しました。空間の微分のような「微空間」や、部分が全体を超える「超部分」は、まさに数学的な概念につながると思います。都市と建築の背後に数学的な方程式のようなもの

を感じながら設計されているようにも感じました。たとえば、グリッドの中に14本の柱をどう配置するかなど、かなり数学的な問題を背後で扱われているようにも感じました。

もう一つ「公私の混合」の原体験の話も象徴的で、いくつかの話をつないでいたと思います。周囲の都市的資源をもとに建築をつくるという考え方の説明があったと思いますが、都市の中にある建築以外のさまざまなものを模型化することでそれを抽出しながら建築化していくということは、まさに公私が混合される経験が設計手法化されたようなものだと思いました。一方で、循環の話と絡み合わせれば、都市から建築に流れ出すのと反対に、建築から都市に流れ出るようなものがあれば、それがある意味循環になるのではないかと、かなり抽象的な話かもしれませんが、そのように感じました。こうした都市と建築の循環のようなことで、もし考えられることや感じることがありましたら、コメントいただければありがたいです。

中川：数学については、私は横浜国立大学出身ですが、「センター試験と数学と面接だけで入れる何て素晴らしい大学だと思って受けた」と何かのインタビューで話したことがあって、それを見てくださったのだと思います。今は数学というよりは、建物は重力とともにあるので、構造としてどう組み立てられるかということにそもそも興味があります。大きい模型をつくると構造的に持っていないと崩れてしまうので、知らず知らずにそれは意識せざるを得ません。それから、建物の構造だけではなくて、まちのさまざまなものも含めて新しいものを組み立てていく時に、その組み立て方がとても重要だと思っているので、そういう意味で意識しているところはあるかもしれません。循環は人それぞれ定義があって、多分正解もないと思いますが、私はやはり「何とも切断しない」ことを常々意識しています。「行き止まらない」とも言うかもしれませんが、建築の体験だとしたら行き止まらずにずっと歩き続けられる、まちと連続した建築をつくりたいといつも思っています。見た目が連続しているというよりも、どちらかというと体験が連続して欲しいと思っていて、一番の理想はまちを歩いていて気付いたら家の中に入っていた、というものです。魚谷さんの路地の話を聞くと羨ましくて、私のプロジェクトは路地がなく、大体地形に高低差があるので、どうやって地形を下りるような体験を計画していけるかも考えていますが、「行き止まらない」とか「連続している」ということは常に意識をしているし、それはある種、「枠をつくらない」とも言えるかもしれません。

松田：具体的な空間概念に変換して説明いただき、ありがとうございます。これで循環というテーマをもとに、安居先生、魚谷先生、中川先生のそれぞれの接点が見えてきたように思います。

社会的環境にどうアプローチするか

松田：さて、この辺りで塚本先生と宮下先生からもご発言あればと思いますが、いかがでしょうか？

塚本：地球にどれくらいの負担を掛けているか想像しないリニアなプロセスで生まれてきたものが、循環や地球へのインパクトまで配慮すると、なくなっていく可能性も十分あるし、人間の活動の見直しも始まると思います。よく建築家は「環境」と言うけれども、そこには2層あります。一つは目の前にあり、我々を取り囲んでいる環境で、もう一つはそれらを生み出した社会的環境です。建築家は個別のプロジェクトで、まず身の回りの環境に反応する。私も若い頃はそうでしたが、だんだん2層目の「何がそれを生み出してきたのか」という問題に入っていって、私たちがそこに住み込んでいるけれど見えない建築に気づくわけですよね。自分の建築のつくり方がそちらの環境を再生産し、補強することになっていないか、そこまで遡って変えるにはどうしたらいいかを考えるようになりました。建築をする人たちは皆考えなければいけないところだと思っています。

私は「建設産業とは何か」と考えることが多くなりました。東日本大震災の復興支援で

はすごいエネルギーを掛けて、細やかな配慮を含んだ提案をたくさんしたのですが、目の前に立ちはだかったのは建設産業の壁でした。たとえば、行政と土木コンサルと建設会社で仕事を流していく仕組みが障壁になって、我々はそこに入れない。集落の復興計画を比べてみても明らかに我々の提案の方がいいと被災した漁師さんたちも思っているのに、それを実装する手立てがない。それは産業がつくり上げてきたそういう障壁を変えていくにはどうすれば良いのか、そこが一番大きな問題だと思っています。たとえばスマホやジーンズはそれぞれの個人のイニシアチブで応援できるけれど、建築の場合はなかなか自分で建物を建てる立場にはたど

り着かないので、皆とても守りに入って、なかなか変わりません。それを変えるために材料を買わないで自分たちでつくり出し、自分たちでつくる里山再生の仕事につながっていきました。それでは「大きなビジネスに展開する可能性がない」と考えるのは20世紀的な成長型の考え方で、ノンスケーラブルだけどレプリカブルなやり方をしたいと私は思っています。その方向で若い人を勇気づけるために「アリになれ」と言っています。穴を開けて向こう側に行くと違う世界があるのではないかと、アリは小さな穴が1つ開くと、その後をたくさんのアリが続いていって、だんだんその穴が大きくなって、やがて世界を飲み込んでしまう。この穴と世界の関係性が面白い。魚谷さんも中川さんも、アリのようにやっていて、穴を抜けた先が明るいと思いました。魚谷さんは、京都の都市構造の歴史研究もされているので、目の前の環境ともう1層目の仕組みの方の環境との重ね合わせが、実際の建築でも何となく手繰り寄せているという感じがします。中川さんには、その2層目の環境についてどうアプローチしようとしているのかを聞きたいです。

魚谷：僕も同感です。たとえばサーキュラーだけではなくて、キャピタリズムもそうだと思いますが、資本主義なんていいわけがないので変えなければいけないけれど、文句を言っていても何にもなりません。今できることは、資本主義を逆に利用してどう社会を良くしていくかだと思います。京都で仕事をしている時もそうですが、やはり制度に対して不満はたくさんあるけれど、その制度の中でゆっくり仕事をしながら、大きなスパンで制度を変えていかなければいけない。キャピタリズムも制度もスパンを持ち合わせておくことが重要だと思っています。大きなものを変えなければいけないけれども、今すぐにはできないので、その中で逆にどう利用するかです。

中川：私は魚谷さんのように一つの都市でネリネリできるわけではなかったりするので、一つは建築をつくる材料をどう変えていくかということです。今まで材料だと見なされていなかったものも材料と見なせないかという視点や、それらをどう組み立てていくかということで、私は物から発現していくことに興味があるので、それはとても大事にしています。先ほどの講演で見ていただいたのは住宅なので、躯体から組み立て方を考えて、いわゆるオーダーメード的につくっています。しかし規模が大きくなった時、そのオーダーメードでやると果てしなくお金が掛かったり、場所によってはそれが実現できなかったりということも出てくるので、今興味があるのは世の中にすでにある工法や組み立て方も、違う使い方で少しアレンジすればとても広がっていくということです。工法は実はたくさんあって、たとえば豚舎の豚小屋のワンルームの空間など、案外そういう建築の中にこそ秘められた工法や技術がある気がします。それらを再活用しながら新しい建築をどうつくれるかに、規模が大きいものになった時には興味があります。組み立て方や材料自体のブリコラージュと

言うのでしょうか、それらに今、私は興味があってやっています。

宮下：仕事で中山間の集落などに行った際にとても印象に残っているのは、そういうところに住んでいる方々は、山を歩く時に「これは何に使えるか」しか考えていないと言っていたことです。このコブはお椀に使えるのではないかとか、この葉っぱは薬草にいいとか、環境の中で周りにあるものを使って暮らしに役立てているんですよね。中川さんのお話はまさにそれの都市版ではないかと思います。そのまちに我々が時代とともにつくってきたもの、積み重ねてきたものがあると思います。当然それらの中には批判されるものもあるけれど、それをどう捉えていくのかということが大切なんだと思います。また、材料自体を自分たちでつくるという概念を取り入れることで、近代になって我々の暮らしと素材が切り離されてしまったものがもう一度、我々の自然なものに返ることになるのかなと思って聞いていました。

「健全」のあるべき姿を取り戻す

宮下：もう一つは、魚谷先生のお話の中で「健全」という言葉がとても気になりながら聞いていました。「健全」はとても清く正しいものという感覚に聞こえてしまうかもしれないけれど、ここではそういう意味ではなく、元々それが自然にある姿を指すもののように聞こえてきました。かつては当たり前のように存在しているシステムや物があって、そのシステムの中に住まうからこそ暮らしが循環の中にあったということなんだと思います。それを使うと結果的に自然と循環になってしまうというベースの中に暮らしていたし、暮らす必要もあったのだと思います。今は経済や合理性など、いわゆる資本主義というものにねじ曲げられた健全がつくり上げられてしまっています。その健全のもう一度あるべき姿を取り戻していくことが、サーキュラーエコノミーのお話につながっていくのではと思います。

魚谷：京都ではいろいろな人が町家を改修してゲストハウスをつくるなどしていますが、傷んでいるものの上に綺麗なまっすぐなものを張って、見た目を綺麗にしているだけではつながっていかないと思います。そうではなくて、きちんと剥がしてつながっていく形にしてあげる。見た目は汚くなったかもしれないけれど、それがやはり健全であり、だからこそ継承につながっていくと皆さんの話を聞いて思いました。でも不健全なものは美味しいですよね。だからそれぞれがいいと思ってやっていて、それが広がっていかない状況では意味がないと思っています。サーキュラーエコノミーもそうだと思いますが、ストイックに頑張るのではなくて、それに楽しみがあるといいと思います。

塚本：自分で道具を持って何かをつくったり、直したり、物の様態を変えたりすることによる達成感や楽しさを、サービス型の都市生活は産業に渡してきてしまったんです。都市生活者はほとんど道具を持っていない。これに対して里山には道具がたくさんあって、朝から晩までそれを持ち変えながら土、木、竹、草、水と向き合うことで身体性や大地性がよみがえってきます。循環型の社会に変えていくのなら、都市であってもそれ相応の道具が欠かせないはずで安居さんが紹介してくれた直す権利は、道具の復権でもあります。ただし、皆が同じ道具を持つのは、それはそれで消費社会的なので、道具をシェアできて、使い方を教えてもらえる、都市型ツールシェッドのような新しい都市の施設が生まれてくると思います。

安居：サステナビリティやサーキュラーや循環と聞くと、何か窮屈に感じたり、制限してはいけないのではないかという印象を持ったりすると思います。僕がオランダに惹きつけられて住んでみたいと思った理由は、そこに関わる20代、30代の若者がすごく楽しそうだったことです。活用されていない大型の倉庫があれば、自分たちならこう使いたいとか、こう回収したいという風に、課題や題材に対してとてもやりがいを見出していました。たとえば塚本先生であれば、自然のものを自分たちでつくるために材料を調達できないかと考えられた時に、そうであればどんな素材でできるのか、そこに喜びを見出すなど、クリエ

イティビティにつながるところがあると思います。京都に小川珈琲というコーヒー屋さんがあって、京都産の小麦100%のパンをつくりたいと考えていたそうですが、日本海側も含めていろいろな小麦農家さんを回ってもパン用の小麦をつくっている農家さんの数が足りなかった。でもうどん用の小麦をつくっている農家さんがいたので、100%京都産のうどん用の小麦で美味しいパンをつくろうと思って、すごいクリエイティビティを発揮してつくり上げたのですが、それがとても売れたんですよ。うどん粉100%の食パンでこれだけ売れたので、自分たちが全部買い取るのでパン用の小麦もつくってくださいとその農家さんにお願いして、今は100%京都産小麦のパンができています。それは制限によって皆がつらいかというと、もちろん大変なこともあるかもしれないけれど、そのやりがいやクリエイティビティが地域から評価されています。建築とは別の分野ですが、そこにヒントがあると思います。

塚本：中川さんの階段の模型もツールシェッド型だよね。工具ではないけれど、住人の生活を組み立てる道具が、正々堂々前に出てきているというか、閉じ込められていない。そこから建築の現れ方やつくり方を組み立て直すことは、今の議論ととても親和性があると思いました。

中川：私はオンデザインにいた時に「ヨコハマアパートメント」という建物を担当したのですが、1階が半屋外で台風が来るとすごく雨が吹き込みます。つくっておきながらあれですが、「不便ではないですか」と住人に聞いたことがあります。そしたら「修繕できるから不便と思いません」とおっしゃってくださって、仕事を始めて1年目にそれを聞けたのがとても大きかったです。自分たちで自己治癒しながら建築を使っていけるという姿を見せてくれたのです。だから塚本さんがおっしゃってくださったように、私は物が前面に出てくることも肯定しやすい体質になっていて、むしろそれらで新しい建築をどうつくれるかという思考につながっていったというのがあると思います。

サーキュラーエコノミーは手段

松田：今日のお話の最後の方にあったように、都市や里山などから道具と材料を見つけてくるといったことがキー概念になっていて、だから中川先生の「ブリコラージュ」という言葉がとても印象的でした。ヨーロッパ的にはブリコラージュ、日本だと江戸のサーキュラー社会といったものを、実は我々はすでに持っていたわけです。それを再び使ってみると、面白いしクリエイティビティがあるし、また新しい発想につながっていくという可能性を持っているのだと思います。

　さて、残念ながらすでに時間が定刻を過ぎてしまっている状況です。ここで会場から質問を一人は受け付けたいと思うのですが、いかがでしょうか？

質問：安居先生に質問です。卒業設計でサーキュラーエコノミーを議題としていろいろ考えていますが、サーキュラーエコノミーにはそもそも廃棄物という考え方がないとおっしゃっていました。生産があって消費されて、それが廃棄物になって再生していくという考え方があると思うのですが、そうであればサーキュラーエコノミーの中にも廃棄という考え方があると思います。サーキュラーエコノミーの取り組みをしているのは生産者側の話であって、そもそも消費者側に廃棄物をどう出さないようにするのかという考え方が育たなければ、根本的な解決にはならないと考えています。消費することと廃棄物を出すことのつながりについて聞かせてください。

安居：もう一歩踏み込んで建築の例で示していただいてもよろしいですか？

質問：柱を何本も建てるけれど、その木材はいつ老朽化するかわからない。でも老朽化したところを変えればいいという話も出てきて、その空いた空間についてどう考えるのか。そういうのが循環の中で生きるということにつながると思っていたのですが、その木材が解体材として家具に利用されて、その後にはバイオマスになりますと言われても、消費者

からすればそこは少し遠い話です。自分たちにもっと近い、廃棄物についてもっと考えられるような提案をしたいのですが、そのために必要な考え方をお聞かせいただきたいです。

安居：初めに漠然とした話からさせていただくと、サーキュラーエコノミー型に変わっていく中で、とても大切な考えとして、大量生産大量消費型だった時には消費者だった一般の大衆が、サーキュラーエコノミー型では利用者になるという考え方があります。それは、利用者がメンテナンスや修復をするなど何かしらの関わり合いを持ち続けるということです。私が建築に関して素人だという前提で話を受け取っていただきたいのですが、たとえば茅葺きや土壁の家だった時代は、住まわれていた方々が何かしら修理をできるような工法になっていたと思います。だからサーキュラーエコノミー型になった時に利用者という観点で見ると、利用者にどういう関わり代を持ってもらえるのか。中川さんが分断を生み出さないで接続をつくっていくことをポイントに挙げられていましたが、私もそうだと思っていて、関わり代を持たせてあげるというところは間違いなくヒントになると思っています。ただ、どういう関わり代を設けるのが最も良いのかは、クライアントの方とのニーズや、その場に合った形があるので、この場で答えることは難しいです。

　もう一つは、建材が最後はバイオマスになることが遠い話だということですが、たとえば古くなった家具から出た古材がバイオマスになった時に、その古材が京都に積まれていて、東京のどこどこの施設で燃やされて使われましたと言っても話が遠いとは思います。ところが、「あの地域の小学校のあの床暖に使われました」という形であれば、もしかしたらそのクライアントさんは納得するかもしれない。私も京都で焼き菓子屋さんをやっていますが、伏見にある酒蔵さんが梅酒を出荷される時に、「梅の実は取り除かれて処分されてしまうのでサーキュラーエコノミーで使って欲しい」という話をいただきました。また、生八ツ橋も耳の部分が切り落とされるので、その切れ端やおからや酒粕をクリスマスのシュトーレンという焼き菓子にして販売しています。私はフードロスをサーキュラーな仕組みづくりにできないかと考えていて、水が出続ける蛇口にたとえると、水がダーッと流れ続けているのがフードロスで、出続けているものを救う作業には大きく分けて2つのアプローチがあると思っています。一つは元栓を閉めるという根本的な解決で大切なことですが、それには時間とエネルギーが必要です。もう一つは、塚本さんのお話に通じるところもありますが、出続けているものをアリのような形で穴を開けて自分たちが救う方法を見せることで、周りの方々にも一緒に救ってもらうというアプローチで、これも大切だと思っています。建材を家具にして、家具から出た古材をどうするかというところでどういう形がハッピーなサーキュラーの仕組みなのか、サーキュラーが必ずしも目的ではなくて、私は手段だと思っているので、そもそもサーキュラーエコノミーが最適な手段なのかというところも含めて考えていただくのがいいと思います。

松田：ありがとうございます。それでは終わらなければいけない時間が来ましたので、これでトークセッションを終了したいと思います。皆様、改めましてどうもありがとうございました。

一次審査

[日時] 2023年10月12日（木）

非公開で行われる一次審査では、7名の審査員により、
エントリー総数199作品から
二次審査に進む30作品が選出された。

小津 誠一
Seiichi Kozu

建築家／E.N.N. 代表

毎回、応募作に対峙した際の最初の作業は、対象となった歴史的空間を把握することでした。今年はその記述が求められたことにより再編内容の読解に集中しやすかった。それにも関わらず歴史的空間という問いに正面から向き合っていない作品も散見されたことは大きな疑問でした。その上で、一次審査では、二次審査の模型や最終審査の議論への期待を込めて票を投じています。二次審査ではぜひ、共感し得るプレゼンを見せて欲しいと思います。

熊澤 栄二
Eiji Kumazawa

石川工業高等専門学校
教授

今年の作品数は142点を数え、一次審査通過の倍率は4.7倍と非常に狭き門となった。今年は、「何を歴史的空間と捉えたのか」「どのように再編したのか」に対する回答を作品提出者に課されていたため、審査がしやすい作品も多く感じられたが、明快に答えられていない作品も決して少なくなかった。当落ボーダー上位20位から30位を選定する時にこそ、作品ごとの「歴史的空間」の真価が発揮されたことをぜひ、忘れないでいただきたいと願う。

村梶 招子
Shoko Murakaji

ハルナツアーキ 代表

今年は歴史的空間再編という主題にきちんと答えているものが多く、その中で明るい未来を感じさせる作品を多く選びました。提案内容としては、リサーチに力を入れまじめで丁寧な案が多く、好印象ではありましたが、再編の手法が例年と変わらないと感じました。たとえばプログラムをデジタル化して再編するなど、来年はプログラムの手法が新しいタイプの作品も見てみたいと思います。

二次審査

[日時] 2023年11月18日（土）13:40 〜 17:00

二次審査では、一次審査で選ばれた30作品を審査員が巡回する
ポスターセッション形式の審査が行われた。そしてそこでの評価を踏まえて、
非公開での議論と投票でファイナルプレゼンテーションに進む10作品を選出。

山崎 幹泰
Mikihiro Yamazaki

金沢工業大学 教授

自分で発見した「歴史的空間」について、何に興味を持ったのか、その魅力をどう伝えるか、審査員に対してその思いの強さが、歴史的空間のリサーチと、再編に対するアイデアを通して、伝わってくるような気がします。まず自分が何をつくりたいのかではなく、対象とした空間にどういう歴史を見出したのか、その歴史的空間の魅力を引き出すために自分は何ができるのかを、ぜひ伝えるようにしてください。

西本 耕喜
Kouki Nishimoto

金沢美術工芸大学
准教授

今回、提出物にテキストが追加されたことで、何を歴史的空間と捉えたのか確認しながら審査できたのは良かったです。一方、再編の内容においては発展途上と感じる提案が多かったと思います。「現代をどのように生きるか」といった問いを感じる再編のコンセプトにたびたび魅力を感じましたが、加えてそれが実現する未来へのリアリティが必要でしょう。二次審査以降の議論では、未来を感じられる展開があることを期待しています。

吉村 寿博
Toshihiro Yoshimura

吉村寿博建築設計事務所
代表

今年の一次審査は140点を超える応募作品から30作品を選定する大変な審査だった。応募者が考える歴史的空間は多様性を極めたが、審査側の捉え方もさまざまで、30作品を選ぶ議論はいろいろな情景を想像させられてとても楽しかった。二次審査に進んだ応募者は万全の準備を整えて二次審査の審査員に立ち向かって欲しい。

林野 紀子
Noriko Rinno

りんの設計一級建築士
事務所

「歴史」ということばの重さについて考えて欲しいと思いました。失われようとしているもの全てが「歴史」になるわけではない。「歴史」として語られるには、そこに何かしらの人間の営みと、社会的な共通認識が必要です。ましてや、あえて「残す」のなら。単なる読み解きに加えて、歴史ということばの重みに耐えうる評価がなくてはなりません。歴コン12年を経て、それが本当に残すべき歴史なのかが、問われる段に入りました。

二次審査結果

各審査員の持ち点は3点票×5作品、1点票×10作品。得票数の合計が多い上位10作品がファイナルプレゼンテーションに進出する。また、得票数の上位11位から20位の作品の各順位が確定し、20選作品が決定した。

出展ID	出展者	作品名	魚谷	中川	安居	塚本	宮下	松田	合計	結果
KSGP23051	馬場 琉斗 (工学院大学大学院)	東京浸透水域	3	3	1	3	3	1	14	ファイナル進出
KSGP23115	半田 洋久 (芝浦工業大学)	清澄アーカイブス	1	3	1		3	3	11	ファイナル進出
KSGP23114	谷 卓思 (広島大学)	燐火ゆらめく 村のおもかげ	3	1	1	3	1	1	10	ファイナル進出
KSGP23021	赤石 健太 (日本大学大学院)	結まわるをハコぶ		3	3		3		9	ファイナル進出
KSGP23045	西本 敦哉 (京都市立芸術大学大学院)	地中を舞う種に習いうたをつなぐ	1	3	1	1	3		9	ファイナル進出
KSGP23098	東條 巧巳 (工学院大学大学院)	記憶蘇生、水都バンコク復活	3	1				3	8	ファイナル進出
KSGP23170	松本 真哉 (法政大学大学院)	併遷の行方		1	1	3		3	8	ファイナル進出
KSGP23004	大竹 平 (京都大学大学院)	花遊百貨小路	3			1		3	7	ファイナル進出
KSGP23145	平尾 綱基 (大阪工業大学大学院)	ウママチ	1	1	1	3	1		7	ファイナル進出
KSGP23158	佐藤 天哉 (愛知工業大学)	折節の氷風穴		3	3	1			7	ファイナル進出
KSGP23040	髙橋 知来 (愛知工業大学)	88mの余白	1	1	1	1	1	1	6	20選(11位)
KSGP23150	楊井 愛唯 (日本大学大学院)	日吉台地下壕博物館	3			1	1	1	6	20選(11位)
KSGP23155	後藤 龍之介 (東海大学大学院)	百段階段を崩す	1			1	1	3	6	20選(11位)
KSGP23028	髙橋 穂果 (慶應義塾大学)	月島立面路地住宅		1		1		3	5	20選(14位)
KSGP23070	西尾 依歩紀 (金沢工業大学大学院)	まちを溜める	1	1		1	1		4	20選(15位)
KSGP23103	幸地 良篤 (京都大学大学院)	山海を編む学び舎		1	1		1	1	4	20選(15位)
KSGP23168	日置 崇斗 (信州大学)	水運的里山再生	1	1	1		1		4	20選(15位)
KSGP23005	古家 さくら (大阪工業大学大学院)	慈悲の7つの行い				3			3	20選(18位)
KSGP23062	中野 太耀 (東海大学大学院)	点、線、面。			3				3	20選(18位)
KSGP23111	平野 三奈 (日本大学大学院)	隙間を紡ぐ水庭		1	1			1	3	20選(18位)
KSGP23135	隱崎 嶺 (広島大学)	長生炭鉱を継ぐ	1			1	1		3	20選(18位)
KSGP23117	浅井 駿来 (日本大学)	Re:Connect	1	1					2	
KSGP23172	中川 将史 (金沢工業大学大学院)	日銀跡地					1	1	2	
KSGP23082	尾沢 圭太 (日本大学大学院)	常ノ伽藍	1						1	
KSGP23157	津曲 陸 (日本大学大学院)	はけにすむ						1	1	
KSGP23159	安田 壮馬 (福井大学大学院)	西小川の庭						1	1	
KSGP23009	園部 結菜 (千葉工業大学大学院)	銭湯共生都市							0	
KSGP23057	小礒 佑真 (立命館大学大学院)	箱の住む橋、ハコに棲む橋							0	
KSGP23072	圓谷 桃介 (工学院大学大学院)	媒介の居							0	
KSGP23113	野原 舜一朗 (愛知工業大学)	穂の国緑水帯							0	

COMPETITION
FOR THE REORGANIZATION
OF HISTORICAL SPACE 2023

10選作品

一次審査と二次審査を通過し、
エントリー199作品から10選に選ばれた作品を、
ファイナルプレゼンテーションでの
質疑応答と併せて紹介する。

東京浸透水域

KSGP
23051
馬場 琉斗 Ryuto Baba
工学院大学大学院 工学研究科 建築学専攻

- これからの東京へ -

土木、建築で埋め固められた東京。私は現在の土木インフラ、建築が発展しどこも同じような風景の広がり、大地へ蓋をした東京に対して不安を感じている。

土木の寿命と土木業者の減少、人間スケールを超えた土木との関係、大地への浸透の妨げる建造物、緑の減少という問題に対して少しでも改変の必要があると考える。

- 鉄道のまち田端から始まる提案 -

かつての斜面を残しながら線路が通る田端駅周辺は、鉄道のまちと呼ばれるほど、東京の発展における重要な拠点であった。さらに歴史を遡

対象敷地／東京都北区東田端／線路沿い擁壁

ると、海が広がり、江戸時代は田園風景が広がるなど、人と自然の風景が広がっていた。

しかしながら、鉄道の開発はそれらを含め、東京に同様の風景をもたらした。様々な断面を体験する事ができる山手線沿線に歴史、大地を黒く覆ってしまった擁壁ではなく、かつてのような人々と自然の関係を再構築する。

- 大地、動植物を受け止める斜面上の設計 -

大地へ浸透する木擁壁、蛇籠擁壁、石垣、コンクリートをエリアに分けて空間をつくり、浸透を促進する要素を根拠に、斜面の形態を継承しながら建築とともに設計する。都市の用途を受け止める建築は屋根を浮かし、格子にすることでそこに生物の生息地を作り出す。大地の塔には掘った土、バラスト、砂利などを入れ綺麗な水を大地へ届け土塔が周辺への啓発の象徴となっていく。

西側から地域のコミュニティとして畑、集会所、シェアキッチンを配置し、東側の公園からの接続として木擁壁、水抜きパイプのパーゴラ、花壇の道具の貸し出し、カフェ、石垣の美術館を配置する。

全体として斜面の形を尊重し屋根の方向性を決め、全てが浸透水域に到達させる。都市に新たな動植物の生息域の拡大、人のコミュニティの創生、新しい風景を見せる。

- これからの展望 -

木擁壁、蛇籠擁壁、石垣など花壇の世話による住民の行動が植物の根を絡ませ、擁壁の強度を上げる。結果的に、住民が土木を維持管理し、今までよりも大地との関係が密接になる。そして、グリーンインフラとして山手線、それ以外の線路沿いに浸透していき、浸透と緑、人々による新しい風景が広がる。さらに、沿線上が暗渠化する川、3面コンクリート川の代わりに大地への浸透を促進させていく。田端駅周辺が土木インフラとして雨水を集め、人の活動と共に新しい風景として浸透していく場所となる。

最後に現代の建築は目に見える上層の事しか考えられていない。悪化している目には見えない土中環境に対して考えることで緑を返した新しい繋がり、風景が構築できるのではないか。

少しでも触れて今ある風景を更新し新しい時代への提案としてここに残す。

【課題1】大地を覆う土木による荒廃した関係

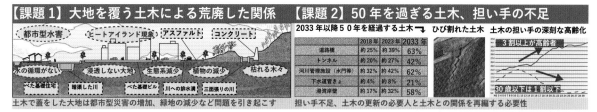

都市型水害　ヒートアイランド現象　アスファルト　コンクリート

水の循環がない　浸透しない大地　生態系減少　植物の減少　枯れる木々

べた基礎住宅　暗渠した川　べた基礎ビル　川への排水溝　三面張りの川

土木で蓋をした大地は都市型災害の増加、緑地の減少など問題を引き起こす

【課題2】50年を過ぎる土木、担い手の不足

2033年以降50年を経過する土木

	2018年	2023年	2033年
道路橋	約25%	約39%	63%
トンネル	約20%	約27%	42%
河川管理施設（水門等）	約32%	約42%	62%
下水道管きょ	約4%	約8%	21%
港湾岸壁	約17%	約32%	58%

ひび割れた土木　土木の担い手の深刻な高齢化

3割以上が高齢者
30歳以下は1割以下

担い手不足、土木の更新の必要人と土木との関係を再編する必要性

【土木の選定】山手線上の斜面を黒く覆う擁壁

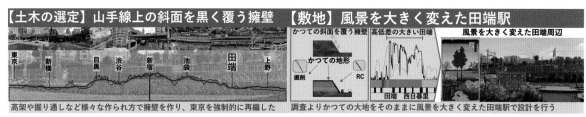

東京　新橋　目黒　渋谷　新宿　池袋　田端　上野

高架や掘り通しなど様々な作られ方で擁壁を作り、東京を強制的に再編した

【敷地】風景を大きく変えた田端駅

かつての斜面を覆う擁壁　高低差の大きい田端　風景を大きく変えた田端周辺

かつての地形　掘削　RC　田端　西日暮里

調査よりかつての大地をそのままに風景を大きく変えた田端駅で設計を行う

【提案】擁壁を介し都市空間と共に設計

中小ビルの建て替え　都市の狭い公園　住宅の老朽化、空き家

老朽化　都市施設　狭い　拡張　コミュニティ　老朽化　畑　ビオトープ

都市　擁壁

老朽化など都市問題を解決しながら山手線上に擁壁とともに再編する

4種類の擁壁による空間設計

木擁壁　石垣　コンクリート　蛇籠擁壁

土圧を考慮しながら、造成可能な4つの擁壁をエリアに分け、設計を行う

大地へ浸透を促進する要素の調査、配置

1 井戸　2 浸透水路　3 縦穴浸透域　4 バラスト　5 蛇籠　6 木擁壁　7 石場　8 水抜きパイプ　9 竹の塀　10 蛇籠の塀　11 単管パイプ　12 焼き杭　13 コンポスト　14 畑

15 グリーンカーテン　16 パーゴラ　17 ボールト屋根　18 大地の塔　19 鎖雨樋　20 屋根操作　21 植栽　22 独立基礎　23 吊り構造　24 レインスケープ　25 ビオトープ　26 覆われない川　27 ポンプとなる木々

【アクソメ】人、動植物、雨水を受け止める約400mの斜面上の設計

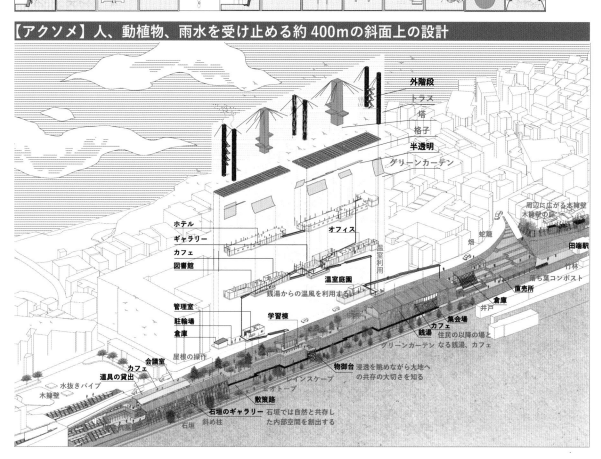

外階段　トラス　塔　格子　半透明　グリーンカーテン

周辺に広がる本擁壁　木擁壁の庭

田端駅

蛇籠　畑　竹林　落ち葉コンポスト

ホテル　ギャラリー　カフェ　図書館

オフィス

温室利用

温室庭園

銭湯からの温風を利用する

直売所　倉庫　井戸

管理室　駐輪場　倉庫

学習棟

屋根の操作

集会場　カフェ　銭湯　住民の以降の場とグリーンカーテンなる銭湯、カフェ

会議室　カフェ　道具の貸出

水抜きパイプ　木擁壁

物御台　浸透を眺めながら大地への共存の大切さを知る

レインスケープ　ビオトープ

散策路

石垣のギャラリー　石垣では自然と共存した内部空間を創出する

石垣　斜め柱

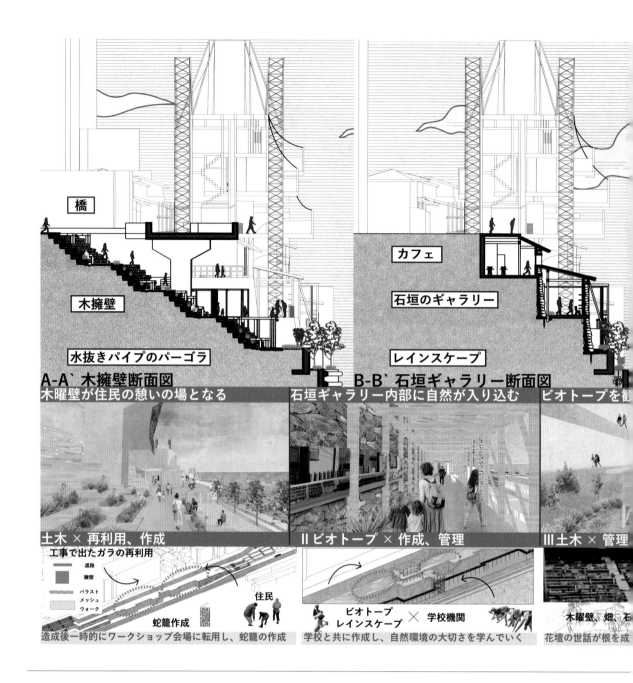

橋

木擁壁

水抜きパイプのパーゴラ

A-A`木擁壁断面図

カフェ

石垣のギャラリー

レインスケープ

B-B`石垣ギャラリー断面図

木曜壁が住民の憩いの場となる

石垣ギャラリー内部に自然が入り込む

ビオトープを籠

土木 × 再利用、作成

工事で出たガラの再利用

道路
擁壁
バラスト
メッシュ
ウォーク

蛇籠作成

住民

造成後一時的にワークショップ会場に転用し、蛇籠の作成

Ⅱビオトープ × 作成、管理

ビオトープ
レインスケープ × 学校機関

学校と共に作成し、自然環境の大切さを学んでいく

Ⅲ土木 × 管理

木曜壁、畑、石

花壇の世話が根を成

質疑
応答

魚谷 それぞれの擁壁の上にある建築や生活、線路との関係があれば説明してください。

馬場 この擁壁のエリアの奥には元々公園があって、限られた狭いところでも斜面を操作すると、それが連続して人の生活が入り込んで、住民が花壇を植えるといったことでその領域を強くする関係が生まれます。後ろには集合住宅があるので、その住人たちを受け止めるライブラリーを配置するなど、奥の人々の関係とともに設計を考えています。

宮下 擁壁という着眼点は面白いです。逆にその擁壁自体を俯瞰して見た時に、いろいろな擁壁がずっと連なっていくようなイメージを持って

いるのか、またそれは周辺のコンテクストに関わりながらつくられていくものなのか、教えてください。

馬場 展望としてこれが山手線上に広がって、浸透して新たなものになって欲しいです。田端駅は歴史的に田園風景が広がっていたのに、大きな線路が通って都市に変わってしまったので、改めて人々が集まり自然と触れるまちにしたいという想いがありました。かなり象徴的な建築を並べることで、通る人が「田端はこういう感じだったのか」と、そういう風景が浸透していいと思ってもらえるように設計しました。

安居 提案のうちいくつかはできると思います。一方で、コンクリートの壁を取り壊してつくる

のだと思いますが、水の浸透を促進して水や空気を浄化するのは、全国各地で集中豪雨の頻度が高まって、規模も大きくなっている中で、50年後、100年後に大丈夫なのか、無理があるように思います。しかもここでやらなくてもいいのではないかと思いました。

馬場 今後この大きな擁壁を更新していくのは、これから人口が減っていった時に大変だと思うのですが、斜面に対して優しくなれば、更新する手間が徐々に減っていくという想いで設計しました。土木的な知識があまりないので、擁壁も奥のコンクリートに対して守る形でつくっていて、それが今後可能になるかと言われると難しいです。ただここにあることで、見る人に「より良くなっ

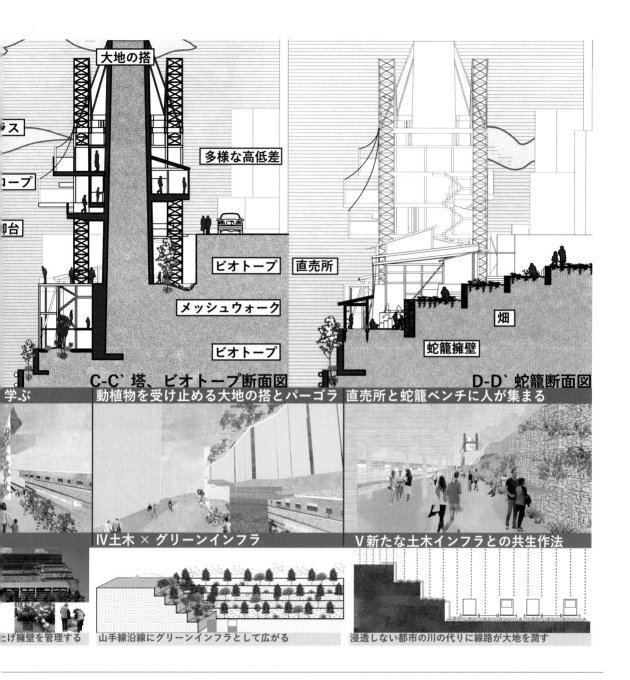

大地の搭

多様な高低差

ビオトープ 直売所

メッシュウォーク

ビオトープ

畑

蛇籠擁壁

C-C`塔、ビオトープ断面図　　　　D-D`蛇籠断面図

学ぶ｜動植物を受け止める大地の搭とパーゴラ｜直売所と蛇籠ベンチに人が集まる

Ⅳ土木 × グリーンインフラ｜Ⅴ新たな土木インフラとの共生作法

げ擁壁を管理する｜山手線沿線にグリーンインフラとして広がる｜浸透しない都市の川の代りに線路が大地を潤す

ていく」と伝えられると思って象徴的につくりました。

中川　私は理解が逆で、コンクリートの擁壁でバーンとつくると問題が起きませんという感じでつくるのかもしれませんが、たとえば津波の堤防を10数mでつくると本当にそれでいいのかという問題もあって、むしろコンクリートの擁壁よりも不具合が出るかもしれません。地域の人たちも巻き込んで皆でメンテナンスしますというぐらいの心持ちの話という気はしています。

馬場　担い手が不足するというのもテーマで、住民が関わることで強度を上げるという考えもあります。

宮下　私は擁壁だけの問題ではなくて、地域

にある擁壁がその地域の一つのアイコンになっているような気がします。たとえば緑化をしていくとか、畑のイメージをつくるとか。それがまちに染み出していくような役割をすることになるのかなと思いました。都市の土木インフラ自体がグラデーションのように変わっていくと、本当に浸透水域みたいなものにも広がっていくと思います。その意味ではここだけでやるのではなく、駅ごとにつながっていったりするとさらに面白いなという感じですね。

中川　昨日のプレゼンの時には、擁壁単体の話ではなくて、その下の線路が砂利だからそれも抱き合わせて浸水する場所として、近隣の建物とも手をつなぎながら擁壁のプログラムを考え

ていくという話でした。擁壁は普段は両隣の人を隔てるものだけれど、あなたの擁壁は両隣と手をつなぐためのものだという話があったので、そこを強調した方がいいと思います。

松田　たとえば河川で急な斜面をスーパー堤防のように緩やかにすることと、馬場さんの擁壁の話はおそらく非常に近くて、いままで擁壁があった場所の使い方をもっと緩やかな斜面にすることでどのように使えるのか、さまざまな方向から検討して考えているということですよね?

馬場　はい、そうです。

清澄アーカイブス

築95年のRC造長屋『旧東京市店舗向住宅』の変遷の先に考える、250mの「未完建築」で応答するノスタルジー

KSGP 23115 半田 洋久 Hirohisa Handa

芝浦工業大学 建築学部 SAコース

愛される『旧東京市店舗向住宅』

築95年に及ぶ「旧東京市店舗向住宅」改修の提案である。

RC造長屋形式の店舗付き狭小住宅で、関東大震災の復興時事業の一環として清澄庭園所有者の三菱地所によって土地が旧東京市に譲渡され、旧東京市により建設された。長い年月をかけ所有者が移り変わってきた背景を持っている。現在は看板建築の表情や、場当たり的な改修のディテールなど、住人の建築に対する能動的な応答がさまざまな表情を作っており、それらは地域に愛されていた。しかし、増改築が繰り返された中で、建築の連帯性が失われたことが聞き取り調査などで判明した。現在空洞化しているそ

対象敷地／東京都江東区清澄 旧東京市店舗向住宅
写真／2023-06/12 製作者撮影

の建築を街の遺産とし、個人の記憶の痕跡を残しながら地域に開くことで、集合的な記憶の母体へと変えていく。この場所で建築にまつわる「所有」を超えた街の共同意識を作り出すことができないか。

自身の設計行為を通したアーカイブ

街の文化の基盤となる公共的存在を目指す。

まず改修計画について（次頁左側）。現在の猥雑な風景は、竣工時の建築に住人が独自の増改築を重ね行い続けたその集積が作り出している。その中で生まれた要素をまとめ、価値と定義するものを残し、蘇らせるものを見つけ、新たに生み出されるものを形作りながら空間の再編を行っていく。私が建築に新たな骨格を与える行為は、今までこの建築で行われ続けてきた人と建築の応答関係を、街の人々を巻き込みながら今後も持続させるためのものとして計画している。新たな骨を持った建築は、再び人々の手によって建築に肉を生成するだろう。

そして新築計画について（次頁右側）。住人によって増改築が繰り返されてきた建築の計画を行う中で、自身もその歴史の一部として新たに手を加える。空地になっている部分に、再び建築

を繋ぎ直すよう手を加えつつ、再び連帯性を取り戻した、新たに公共性を持つ建築として必要な計画を行っていく。新たに塗り重ねる構造として木を選んだのは、元の構造材料と耐用年数が食い違うように計画しているためであり、それはこの建築の壊れやすい場所を意図的に計画した行為とも言える。この建築は再び完成するのではなく、今後も更新され続けるのだ。

生きられた建築へ

新たな機能を図書館 [アーカイブ] とした。

情報化する社会は記録に纏わる媒体のほとんどを質量から解放し、図書館というビルディングタイプが今後解体されていくことは免れない。では、図書館の本質的機能としてのアーカイブはどうなるか。今後それらは街と共にあるのではないかと考える。その場所で、建築を通した街の人々の交流があり、街の記憶と共にアーカイブされていく。アーカイブの定義を「そこに更新され続ける人々の営みを作り出し、歴史を塗り重ねる土台を用意すること」と定めた。

これは、街と、人と、建築と、そして設計者の私が自らの世界をアーカイブしていく所作であり、以上をもって『清澄アーカイブス』とする。

site
旧東京市店舗向住宅

提案後 1/150 全地模型

初期部分 (1928-) 　　　　　　　　　　　　　　　竣工時 (1928年) 東側立面図

竣工時の旧東京市店舗向住宅の図面 (1928年)

竣工時平面図 (1ユニット)　　竣工時断面図

旧東京市店舗向住宅の遷移

街と旧東京市店舗向住宅にまつわる
オーラルヒストリー

※ 地域誌、地元既存図書館、既出研究、聞き取り調査より

近代建築の1つであり、築95年を超えている。住人がまだ住んでいる。**歴史的建造物**	住人の生活の痕跡が生々しく残っている。その集積が現在の風景を作っている。**歴史的空間**

古地図 (1880年～1956年)　　古写真 (1955年頃)　　空地の風景 (2023-06/12)　　東京都江東区清澄 航空写真

初期部分 (1928-)　　改築部分 (1953-)　　　　　　　　　　　現在 (2023年) 東側立面図

response
重ね重ねてゆく

初期部分 (1928-)　　改築部分 (1953-)　　提案部分 (2023-)　　　　　提案後 東側立面図

旧東京市店舗向住宅 航空写真 (2023年)

断片的な応答の集積で全体性が作られている。接道と清澄庭園を分断していた塀のような建築で、持続するコミュニケーションと建築の存在と共に作り出すことを目指した。それは、塀の上や、塀の中を歩くような体験であり、退廃化した建築が、かつて有していた特性を受け継ぎながら、またそこで**人と建築と街の関係性を取り戻す**提案なのである。

初期部分 (1928-)　　改築部分 (1953-)　　提案部分 (2023-)　　　　配置図兼 1F平面図

2F平面図

3F平面図

長手断面図

開架コーナー　地域共用部　開架、図書館オフィス

既存改修対象場所

全体

変化する街と建築の関係性

庭園側の空間は従来の商店街に見られるアーケードの再解釈であり、建築内部に立体的に「共」の空間を作り出した。そして、一般的な状態から、

「私」→「共」→「公」

と変化しており、建築内部でアーケードとは異なった性質の空間を有したことで、独自の設置性を持ったと言える。一方 3,4 階部分は住人各々の改築した素材や形態を残し、新たに街に開かれた公共動線が通され、街を眺めるコモンズとなることを目指す。

仕上げと材料

A_既存仕上げ解体｜RC構造壁露出 B_窓枠解体 C_RC耐震壁（新築）t=120mm｜白色モルタル 左官仕上げ t=15mm D_仕上げ解体｜木遣、木柱露出 E_既存フローリング使用 t=15mm F=既存仕上げ転用｜FRP防水｜保護モルタル t=15mm G_既存アスファルト防水｜軽量コンクリ t_90 H_手摺：Stパイプ φ-30mm I_既存ファサード維持 J_本棚：S造 K_本棚：木造 L_既存フローリング使用 t=15mm M_構造補強ブレース：St φ=80 N_既存フローリング使用 t=15mm O_既存仕上げ解体｜RCスラブ露出

断面的変遷に基づく編集操作

竣工時（1928年）

竣工時は RC ラーメン造2階建てで、店舗付きの極小住宅だった。長屋の形式が生み出す連続した屋上と、ベランダでの交流が多様な関わりを生んでいたとわかっている。

ベランダの交流
屋上の交流
公共空間
初期長屋部分（1928 年竣工）
半公共空間

現在（1953年〜）

3,4F に木造、庭園側に RC 造の増築が行われた。住面積を増やすための増築は、各々の自由な増築によって、長屋の連続性は失われ、雑踏な風景を作っている。

住人による独自の改築部分
木造の増築
RC ラーメン造
初期長屋部分（1928 年竣工）

提案

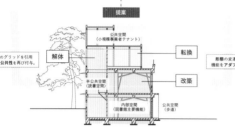

竣工時のグリッドを引用し連続性、公共性を再付与。

公共空間（小規模事業者テナント）
半公共空間（読書空間）
内部空間（図書館主要機能）
公共空間（歩道）

解体
転換
改築
形態の変遷の先に機能をアダプトさせる

新たに加わる方向性

現在（1953年〜）

街と溝清庭園を分析するようにして立っている。街と建築の関係性は、一方向のものであり、波及していくことのないものになっている。

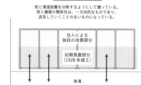

住人による独自の改修部分
初期長屋部分（1928 年竣工）
接道

提案

平面的に新たな方向性を作り出す。内部に新たな公共動線を通し、塀の中に入っていけるような体験ができる。

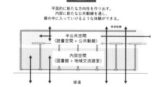

半公共空間（読書空間＋公共動線）
内部空間（図書館＋地域交流建築）
接道

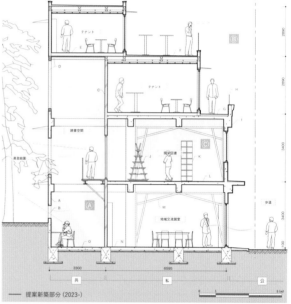

テナント
テナント
読書空間
地域知室
地域交流室
歩道
共
私
公
3300
6595
—— 提案新築部分（2023-）

Ⓐ 庭園側の半公共化された読書コーナー

Ⓑ 屋上に生まれる新たな公共的ランドスケープ

Ⓒ 異素材が混在する開架コーナー

質疑応答

魚谷 これはアジアによくあるショップハウスみたいなものだと思います。ショップハウスは道路に面してアーケード空間、個人商店があって、上に住宅があるのですが、今回の改修によって道路と建築と、裏にもう1個アーケードみたいなものを設けていますよね。だから公私共にしているのがとても面白いです。それによって空き家になっている建築を図書館にしたのはなぜですか？ 個人商店が集まっているのがこの建築の魅力だったと思います。

半田 個人商店も同時に計画していて、3階や屋上の個人が各々で増築した部分にテナントを構えています。歩道と前の道路が狭くて、商店

が賑わっていない理由の一つだと考えて、公共動線をどう立体的に建築と同時に組み込んでいくかがテーマの一つでした。立体的に組み上がった先に、同じような価値が残っていると思っています。

安居 この商店が廃れてしまったのには何かしらの理由があると思います。ソフト面でどういった工夫が凝らされていて、次に入るテナントの存続をどう考えていますか？ 地図を見るとすぐ近くに図書館があって、そこも気になりました。また、清澄白河には個人のこだわりのお店がすでにありますが、それらと対比して特徴を出す必要があると思います。

半田 僕はこの改修を通して複合施設をつく

り出したかったのです。近くにある深川図書館は、ファサードが強くモダンな建物で、中に入ると普通の市民図書館みたいな感じです。また江東図書館もあって、それは完全に収蔵庫です。僕の提案は、たとえば図書館というプログラムが解体されたとしたら、市民が持ち寄った本がそこに集まってきて、また人が集まる場所が生まれるような、オープンな複合施設として図書館が核になるという状態を目指したかったのです。ソフト面では、店舗に行くために建築の中をぐるぐる歩く、建築を通してまちと商業がつながっている状態が理想だと考えました。動線にこの建築があることが、価値として提示したいことです。

塚本 東京大学の大月敏雄先生が、ここの公

drawing
新築計画部分 短手断面詳細図

復活する連帯性と現れる公共性

元空地の場所に作られるホールの断面図である。元の場所の特性を引き継ぎ、長い図書館空間において特定の機能を持たないヴォイドのような場所になっている。ホールには大きなカーテンが1階から2階に渡ってかかっており、細かく分割された空間を大きく繋ぐ操作を行った後に、新築部分で長い空間を大雑把に分け直す操作を行っている。

1階部分で起こるアクティビティはカーテンという柔らかいオブジェクトによって2階の長い空間をゆらがせる。また外壁は在来木軸工法によって作られ、中心に立つ壁との対比を作り出している。

仕上げと材料

A_外壁：中空ポリカーボネート小波板 t=0.7mm 胴縁27mm*27mm 455mm B_踏板：チェッカープレート t=4.5mm 溶融亜鉛メッキ C_RC耐震壁（新築）t=120mm｜白色モルタル 佐官仕上げ t=15mm D_踏板：チェッカープレート t=4.5mm 溶融亜鉛メッキ E_手摺：Stパイプ φ=30mm F_ハウスパイプ φ=22mm G_カーテン H_床：モルタル金ごて 防塵塗料 I_外壁：中空ポリカーボネート小波板 t=0.7mm 胴縁27mm*27mm 455mm J_既存アスファルト防水｜軽量コンクリート t=90 K_構造補強ブレース：St φ =80

— 提案新築部分 (2023-)

renovation
新築計画を通したアーカイブ

新築計画対象場所

#1 #2 #3

左右端と中央空地に計画する新たな上下動線とコンコース #1

— 初期部分(1928-) — 改築部分(1953-) — 提案部分(2023-)

自然光と動線を取り込む元空地 #2

ヴォイドとなっていた空地部分に、その公共性を引き継ぎ、地域に開かれたプログラムを配置している。対比的に作られた新築部分は、既に新たな表情を作る。

1. 清澄庭園
2. 読書空間 ＋公共動線
3. 地域交流講室
4. 歩道

新たなエントランスのための扉 #3

公共的スケールを獲得するための逸脱したスケールの扉

A_鉄板造在来軸組工法｜120mm 角
B_鉄板造

1. 車道
2. 歩道
3. 清澄庭園

木架構が作る中央空地の新築コンコース

吹き抜けとカーテンが作る空地部分のホール

大きなスケールを持つエントラ

園側の増築部分を「住みこなし」というキーワードで読み解いていろいろな研究をしていますが、あなたの提案は生活が堆積してきた部分をつくり直すという考え方ですね。この建物が積み重ねてきた歴史がどこにあるのかと言った時に、一番大事なところを棄損している印象を持ちました。

半田 住人が積み重ねてきた歴史がどこにあるのか、この中でいろいろ体験していく中で考えたのは、壁紙などが自由に貼られている内部空間は残そうということです。この住みこなしの部分はRC造の増築で、その上に木造の増築が載っていて、そこの仕上げや素材はそのまま残そうとしています。RC造の部分は特徴があって、清澄庭園側から見るとせり出してしまって、住人が外側から手入れできなくなっていて、退廃化した壁が清澄庭園の木の後ろ側に背景として出てきています。でも、それにはものとしての面白さや、時間を溜め込んだ価値があると思い、ここの仕上げはそのまま取って、窓枠も取って半屋外のような空間を提案しています。

宮下 今回の提案の更新のあり方や空間の新しい使い方という意味では、内部スケールで裏側に通路を通してしまうという回答はとても面白いのです。一方で私も歴史的空間として何を捉えたのか、少し弱いという感じがします。

松田 入口が連続しているのを裏でつなげて、縦の空間を横の空間に変えるところが大変面白いと思います。一方、一番上の空間はもともと交流空間としてできていたわけですよね。それは当時の建築としては大変貴重な部分ですので、それを現在どのように扱っているのかが気になりました。

半田 屋上に増築したことで連続するところはなくて、テクスチャが切り替わっていたり、柵が付いていたりといった感じで、基本的に個人の居場所と住宅として使われていて、公共的な場所はほとんど残っていないと思います。

燐火ゆらめく 村のおもかげ
―光によるヘドロ浄化と水没村再編の提案―

KSGP 23114　谷 卓思 Takashi Tani　　塚村 遼也 Ryoya Tsukamura

広島大学 工学部 第四類 建築学プログラム

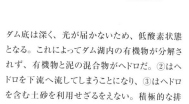

■プロローグ

"ア、ヨイヤナ、ヤートセ" 盆踊りを踊る村人の声が響き渡る、笑みをこぼす、汗が滴る。かつてここは村人の活気で溢れる場所だった。春は子どもが雛祭りに駆け回り、夏になると春植えた野菜を収穫する。秋祭り、小銭を握った子どもたちが綿あめの屋台に列をつくり、冬には男たちが狩りに出た。そしてまた春が来る、子どもたちの声が聞こえてくる。しかし1957年11月18日山陽新聞朝刊掲載「苫田ダム構想」から42年。この村は、暗くて寒い湖底に沈むことになる。村人の暮らしやそこに根付いた文化は暗闇に包まれたのだ。建築は物体として、環境の中に存在する。それ（建築）はこれまで見えていたものを見えなく

対象敷地／岡山県苫田郡鏡野町(旧奥津町)奥津湖

する。

そして大切な何かを忘れさせる。この作品は、巨大な堤体を取り除いたり、湖水を抜いたりするわけではないが、私たちに、忘れていた大切な何かを見せてくれる、そんな建築になるはずだ。暗闇の湖底に光が灯る、土が動く、生き物たちが揺れる、止まっていた時が流れ始めた―再編された村から声がする "ア、ヨイヤナ、ヤートセ"

■設計背景

光による奥津湖湖底のヘドロ浄化とともに苫田村のおもかげを再編する。ダムは私たちの生活に欠かせない建造物となった。生活用水を確保し、水害から守ってくれる。そんなダムは今、過渡期に立たされている。ダムの寿命はダム底に堆積する砂の量で決まり、計画堆砂量はおよそ100年を目安に決められる。100年経てば、計画堆砂量を超えるため、貯水容量が確保できず、ダムとして機能しなくなるわけだ。国内948のダムのうち、196のダムが計画堆砂量を超えている（令和3年度末時点）。そこで現状とられている堆砂対策が大きく3つある。①土砂流入抑制②土砂通過③土砂排除。②③は堆積した砂の移動を伴う。そこに大きな課題を抱える。砂のヘドロ化だ。

ダム底は深く、光が届かないため、低酸素状態となる。これによってダム湖内の有機物が分解されず、有機物と泥の混合物がヘドロだ。②はヘドロを下流へ流してしまうことになり、③はヘドロを含む土砂を利用せざるをえない。積極的な排砂が進まず、下流への土砂の運搬が減少し、私たちの生活にも影響を及ぼすこととなるのだ。

■敷地

苫田ダムがある場所はかつて6500人の村人が暮らす穏やかな山村が広がっていた。村人の暮らしは、1957年11月18日の山陽新聞の朝刊で一変する。「苫田ダム構想」家屋504戸を水に沈める構想に村人たちは猛烈な抗議運動を繰り広げた。立ちはだかる行政によるゴールドラッシュと立ち枯れ作戦で抗議運動は失敗。最後の世帯が2001年に移転に同意。2004年に苫田ダムは完成する。結果460戸が故郷を追い出され、散り散りになった。42年戦い続けたM夫妻は最後の最後まで言った。「恐れません、逃げません」と。ダム建設で大切なものを奪われた村人たちの想いを現代に残し、せめてダム建設が世のために

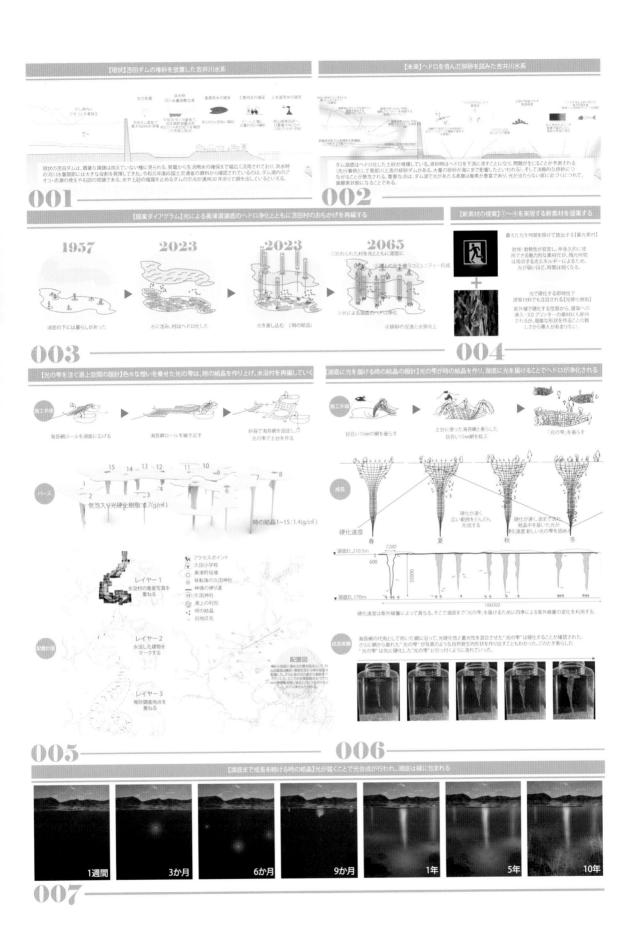

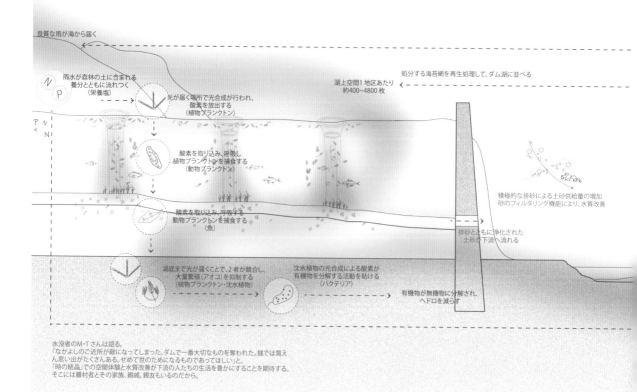

水没者のM・Tさんは語る。
「なかよしのご近所が敵になってしまった。ダムで一番大切なものを奪われた。銭では買えん思い出がたくさんある。せめて世のためになるものであってほしい」と。
「時の結晶」での空間体験と水質改善が下流の人たちの生活を豊かにすることを期待する。
そこには離村者とその家族、親戚、親友もいるのだから。

008

【ある1年の湖上空間の移り変わり】

4月	5月	6月	7月	8月	9月	10月	11月	12月	1月	2月	3月
浮き流し	流し初めの日	水没祈念日	湖上盆踊り	鏡野町大納涼祭	湖上のお月見	湖上金色もみじ祭り	神迎えの儀	湖上神楽の神事	年初めの湖上詣り	湖上の厄払い	流し初め

瀬戸内海の海苔養殖「浮き流し」に倣った施工風景

水没者・吉井川流域の人々・観光客がそれぞれの想いをこめて雫を垂らす

009

質疑応答

松田 動画のプレゼンテーションが、どうやってつくったのか?と思うくらいよくできていて素晴らしかったです。さて、一番お聞きしたかったのは、光硬化樹脂と蓄光性素材を組み合わせて、本当にそういう素材ができるのか?自分たちで実験して実際につくったものがあるのか?ということです。しかもそれがかなり巨大なものに成長していくということですよね。その場合、その大きさに耐えられるのかどうかなど、その辺をお聞きしたいです。

谷 実際に実験もしています。時の結晶の模型で実験したのですが、真っ暗な部屋に植物を置いて光合成をさせない状態にして、時の結晶を差し込んで光が届くようにしたら、光合成を再開してヨウ素デンプン反応が起きたという実験の証拠です。

松田 巨大な大きさにまで成長するのか?というあたりはどうですか?

谷 紫外線の強さによる違いで、大きさを大きくしていこうと考えています。夏は紫外線が強いので早く固まってしまうから、上ら辺をつくる時は夏を使ってつくり、冬は逆に紫外線が弱いので遠くまで届くから、長くつくることができます。空に届くようにつくれるのではないかと考えています。

松田 わかりました。実際やろうとしたら本当はいろいろな障壁があるかもしれないけれども、それができるかもしれないというベースはできているということですね。

安居 私は2つ感じたことがあって、まず一つ目はこの方法でなくてもいいと思ってしまって、自然に任せておいても再生するのではないかと思いました。あとは光によって逆に繁殖してしまう藻もあるのではないかと思いました。もう一つは、ヘドロが改善された後に光硬化樹脂をどうするのかな。ゴミになってしまうのかなと思いました。

谷 藻についてですが、藻は基本的には植物プランクトンと競合することで、アオコの発生を抑えるというシステムを一応考えてはいます。それから、終わった後はどうなるかという再編の仕方として、私たちは光を用いました。光はどの建築とも違って永遠に残り続けると思っていま

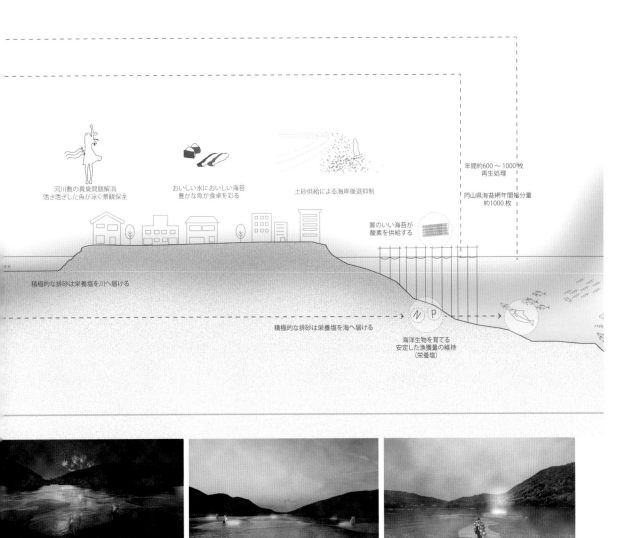

河川敷の異臭問題解消
活き活きした魚が泳ぐ景観保全

おいしい水においしい海苔
豊かな魚が食卓を彩る

土砂供給による海岸後退抑制

質のいい海苔が
酸素を供給する

年間約600〜1000枚
再生処理

岡山県海苔網年間処分量
約1000枚

積極的な排砂は栄養塩を川へ届ける

積極的な排砂は栄養塩を海へ届ける

海洋生物を育てる
安定した漁獲量の維持
（栄養塩）

湖面に映る花火と呼応する湖上空間が織りなす風景美

吉井川の清流を守る神様を迎える「神迎えの儀」で煌めく蓄光

水没村の想いを乗せた光を纏って、神楽を舞う

す。ですので、村に沈んだダムを再編する手段として光を用いて、それはずっと残り続けるという提案です。

宮下 ダムがつくられた日の風でシミュレーションした結果、湖面に歩ける部分ができてくるということですよね。風の流れによってそれが広がっていくのをシミュレーションしているのかな。もう一つは「面影」という言葉が少し気になりました。湖底にある村のかつての面影みたいなものが湖面に顕在化されるということを言っているのかな。そこに何かあったことを湖面に表したいということですか？ そこが今ひとつよくわからなかったですね。

谷 建物の沈んでいる時の結晶は建物の石の上にあって、建物の密度差などで配置しているので、時の結晶自体はかつての村の位置関係を浮かび上がらせるために用いると考えています。湖面のデザインは風の力を用いて、かつての地形を浮かび上がらせていくと考えています。

魚谷 本当にできるかどうかは、僕はあまり問わないのですが、科学的な方法で村を壊したはずのダムを継続させるんですよね。合理的かつポエティックな形で昔あったダムの風景として見せるような、すごく未来を向いている感じがとてもいいなと思いました。教えて欲しいのは、模型が順番に色が変わっているのはなぜですか？

谷 それはヘドロの浄化を表しています。このダムでは42年の村人の抵抗もむなしく、村が沈んでしまいました。その42年を逆再生するように、湖面に光とともに村の面影を再生していきます。村があったところだけしかヘドロが綺麗にならない、堆砂状況が進んでいる場所というのを重ねて実験しているので、ヘドロ化が進んでいる場所に対して、かつての村の面影をつくっていくという形になります。群がったところが、特にヘドロ化が進んでいます。再生していない場所もあるという形になります。

記憶蘇生、水都バンコク復活
－ タイ国鉄フアランポーン駅コンバージョン計画 －

KSGP
23098
東條 巧巳 Takumi Tojo
工学院大学大学院 工学研究科 建築学専攻

　1916年に開業したバンコクの玄関口、フアランポーン駅に無慈悲にも廃止が告げられた。廃止となる駅は博物館として保存されることが多いが、その場合、観光客のための場となり地域住民のための場ではなくなってしまう。そこで、私は交通インフラの役割を終えた駅において、インフラ機能を置き換えることで、都市の拠点であり続けることが可能であると考えた。かつて都市の繁栄に寄与した運河が今や都市のゴミ箱と化している現状に着目し、水質汚濁問題を解決するため下水処理機能を軸とし、そこにタイらしい公共性を持たせることで、ネガティブイメージのある下水処理施設が地域と共生して行ける場を目指した。

　本提案では、操車場を含む135,000m²ある駅

対象敷地／タイ王国バンコク都パトゥムワン区

区画全体を対象に下水処理設備とそれに付随する汚泥処理設備を配置するマスタープランを計画し、既存駅舎部分をコンバージョン設計対象とする。下水処理は一次処理、二次処理、高度処理の3段階あり、最終工程の高度処理設備のみを駅舎内に配置する。下水処理の過程で生まれる下水汚泥から生まれる資源を地域に提供する。消化ガス発電で電力を作り施設の電力を賄い、バイオガスをNGVバスに提供し、地域のエネルギー拠点としても機能する。建物内には、下水汚泥の肥料を用いた菜園や、下水汚泥からレンガを製作するレンガ工房を配置し、生産活動を行う。加えて、東南アジアを旅するバックパッカーにとって旅の出発点として愛されていた点を考慮し、ホステルを配置することで下水処理から生まれる豊かな活動に触れ、地域住民との交流も活発になる。

　設計手法として「駅」「タイ」「下水処理設備」の3つの要素を取り上げる。まず、ヨーロッパの駅と比較し、駅舎とトレインシェッドの配置形が異なり、トレインシェッドが駅舎のファサードの一部となっている点と、トレインシェッド内部でチケットカウンターを境に屋内空間と半屋外空間に分かれている空間特性を継承する。そしてチケットカウ

ンターに下水処理設備を挿入し、展示空間へ、線路を掘り込み再生水を流す再生水運河へ転換する。次に、タイの生活から伝統的な高床の考えと日常的に使用されている布を引き込む。最後に、下水処理の設備から配管を露出させることで意匠面に加え、下水が気温より低い特性を利用し、ひんやりしている配管に触れることができる。また、半屋外空間に再生水による滝を3箇所設けることで、ミストと気流による冷却効果と心地よい音を提供し、常夏のタイではクールスポットとして機能する。

　駅舎は意匠的に保存したが、内部用途の変更に伴い、屋根材の一部を、チケットカウンターの上部には光を取り込むためETFEフィルムへ、半屋外空間の菜園やテラスが設けられている上部には光、雨、風を通すためにパンチングメタルへ更新する。

　これらの提案により、鉄道機能が無くなってからもなお地域住民が生活の一部として利用し、昼夜問わず人が集う都市拠点として機能する。これからもバンコクの顔としてあり続け、また100年後には新たに都市が抱える問題を解決する拠点へ生まれ変わるだろう。

■対象建築

สถานีรถไฟกรุงเทพ
【フアランポーン駅】
設計：マリオ・タマーニョ
所在地：バンコク都パトゥムワン区
竣工年：1916年
駅構造：7面14線頭端式ホーム

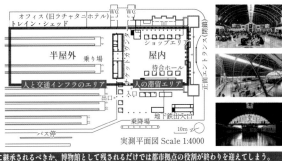

実測平面図 Scale 1:4000

タイの首都バンコクの玄関口、フアランポーン駅が今年廃止される。廃止となる駅がどのように継承されるべきか、博物館として残されるだけでは都市拠点の役割が終わりを迎えてしまう。

■廃止となる駅においてインフラ機能を置き換える

"都市のインフラ拠点であり続ける"

都市は鉄道、駅を中心に発展していった。人々の移動を支えた
鉄道拠点の役割を終えた駅が、
次は都市が抱える問題を再び駅を中心にして解決していく。

```
交通インフラ
   ↑
   └─── 生活インフラ ＋ 公共性
        地域コミュニティを生み出し、観光客が入り込む
   ←─×─→ 博物館
          観光客のみ
```

■タイの社会問題から【生活インフラ】と【公共性】を探る

① 運河水質汚濁問題

「失われた、東洋のヴェネツィア」

繁栄をもたらした運河が都市のゴミ箱へ。
下水処理施設の不足や環境意識の低さなど
により水質汚濁問題が深刻化している。

【生活インフラ】
下水処理施設の建設
タイ人の水への適応能力を引き出す場を創出

② 経済打撃問題

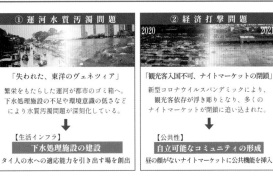

「観光客入国不可、ナイトマーケットの閉鎖」

新型コロナウイルスパンデミックにより、
観光客依存が浮き彫りとなり、多くの
ナイトマーケットが閉鎖に追い込まれた。

【公共性】
自立可能なコミュニティの形成
昼の顔がないナイトマーケットに公共機能を挿入

■現地調査 ── 設計の手がかりをサンプリングする

建築 【継承と更新】

□ トレインシェッド内で屋内空間と半屋外空間に分かれている
⇒静かな屋内空間とアクティブな半屋外空間の特性を継承し、活動を設定する。

□ トレインシェッドが前面まで現れている
⇒欧州では見られない特徴的な配置形
を都市のシンボルとして継承する。
活動に合わせて後方の屋根材の一部
を更新する。

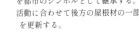
フアランポーン駅(1916)　フランクフルト中央駅(1888)

□ 市民の日常生活が絡み合っている
⇒市街からフラットにアクセス可能で
憩いの場となり、タイ人らしい行動
が見受けられる。地域住民が日常生
活で利用する場であり続ける。

洗濯　散髪　睡眠

生活

□ 運河との暮らし
運河に面して開放的な炊事場があり、遊歩道：チャーンで人々の交流や家事、
昼寝が垣間見られ、のんびりとした時間が流れていた。

□ マーケット文化
常に何かを食べているタイ人。日常の中にマーケットと屋台が溢れており、
その設置場所と展開方法の組み合わせに面白さがある。

■マスタープラン Scale 1:8000 ── 駅区画にマスタープランを設定し、既存駅部分を設計対象とする

下水処理設備とそれに付随する汚泥処理設備を配置し、都市公園の役割も担う。「一次処理」「二次処理」を駅区画内に配置し、「高度処理設備」のみ、駅内に配置する。
駅内は下水処理から生まれる資源を活用する場となり、下水処理施設が地域コミュニティと共生していく。

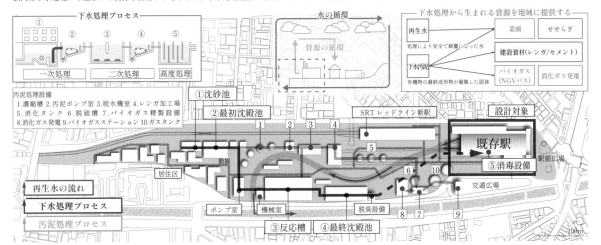

汚泥処理設備 1.濃縮槽 2.汚泥ポンプ室 3.脱水機室 4.レンガ加工室
5.消化タンク 6.脱硫機 7.バイオガス精製設備
8.消化ガス発電 9.バイオガスステーション 10.ガスタンク

【ヨーロッパの駅様式】の枠に対し、【タイの伝統的な建築】と【下水処理施設の空間】が混ざり込み、都市の新たな活動拠点を作る。

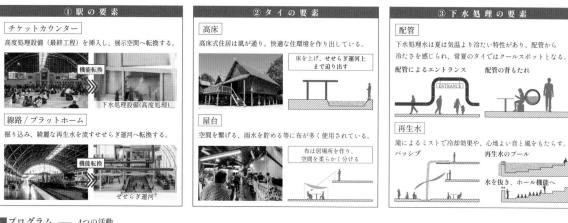

① 駅の要素	② タイの要素	③ 下水処理の要素

① 駅の要素

チケットカウンター
高度処理設備（最終工程）を挿入し、展示空間へ転換する。
機能転換 ▶ 下水処理設備（高度処理）

線路 / プラットホーム
掘り込み、綺麗な再生水を流すせせらぎ運河へ転換する。
機能転換 ▶ せせらぎ運河

② タイの要素

高床
高床式住居は風が通り、快適な住環境を作り出している。
床を上げ、せせらぎ運河上まで迫り出す

屋台
空間を繋げる、雨水を貯める等に布が多く使用されている。
布は居場所を作り、空間を柔らかく分ける

③ 下水処理の要素

配管
下水処理水は夏は気温より冷たい特性があり、配管から冷たさを感じられ、常夏のタイではクールスポットとなる。
配管によるエントランス　　配管の背もたれ

再生水
滝によるミストで冷却効果や、心地よい音と風をもたらす。
パッシブ　　再生水のプール
水を抜き、ホール機能へ

■プログラム ── 4つの活動

【下水処理で生まれる資源を活用する】　【旅人を受け入れ発信する】　【昼と夜で使い方が変化する】

① 下水汚泥レンガ工房
下水汚泥を原料する日干しレンガ製作をし、マーケット区画や遊歩道で使用や、販売する。
1.原料をこねる　2.型に入れる　3.天日干しする　4.後で出荷する
生産ルート

② ビストロ下水道
栄養分豊富な再生水と下水汚泥肥料を使用して農作物を栽培し、マーケットで提供する。
1.菜園で栽培する　2.飲食場で調理する　3.マーケットを開催する
提供ルート

③ ホステル
旅人が下水処理から生まれる地域コミュニティと交流し、メッセンジャーとなる。

④ シェアオフィス⇒ナイトマーケット
昼は仕事や学生学習スペース、地域住民の憩いの場で、夜は工芸品売り場となる。

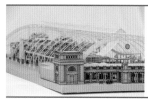

質疑応答

魚谷 運河から既存の廃線を利用して、駅舎の中に水を引き込んで水を綺麗にする。そしてそこの上に失われつつある水上集落や屋台みたいなものを、そこでもう一度復興ではないけれどもやる、と理解したらとても面白いと思います。水を一部暗渠にしていますよね？

東條 運河から直接引き込んでいるわけではなく、生活用水の下水管を使って集めているので、そこは暗渠部分にしています。

魚谷 バンコクは別に暗渠にしなくてもたくさん現れているよね。目に見えた方が汚かったのが綺麗になるのがわかっていいのではないかな？

東條 運河の汚い部分は見えているのですが、暗渠化が進んでいるので一部見えるところでは皆意識していて、そこで新たに暗渠を開ける必要はまだないと考えました。

宮下 実際はこの駅舎の10倍くらいの敷地があるんですね。そこは全て処理施設ですか？ そこはどの程度一般の人は入ってくる計画になっていますか？ そこは働く人しか入ってこないのか、それとも日常的に市民などが入る憩いの場所みたいなものなのか、そこを教えてください。

東條 図の右側が駅舎で、左側に設備があって、綺麗になった水が敷地内を運河として流れていくので、全体として都市公園的に地域に開いて、駅以外にも人が集まる空間にしています。

宮下 全体に人が公園のように入ってくるのはそういうことなんですね。

東條 右側はここで働く人のための住空間をエリア設定しています。

安居 都市の観点で見た時に、この中央駅が地価がとても高いところで、人がすごく集まる場所だと思うのですが、この水の浄化設備などを入れると、本来だったら人が行けるような場所を埋めるという形になってしまうと思います。同じ流域など、この駅ではなくて別の場所に設置すればいいのではないかと思ったのですが、どう考えていますか？

東條 まず、この駅が廃止されることで北に7kmの位置に新しい、これよりも何倍も大きい駅が建設されたのですが、広域で見るとこの駅自

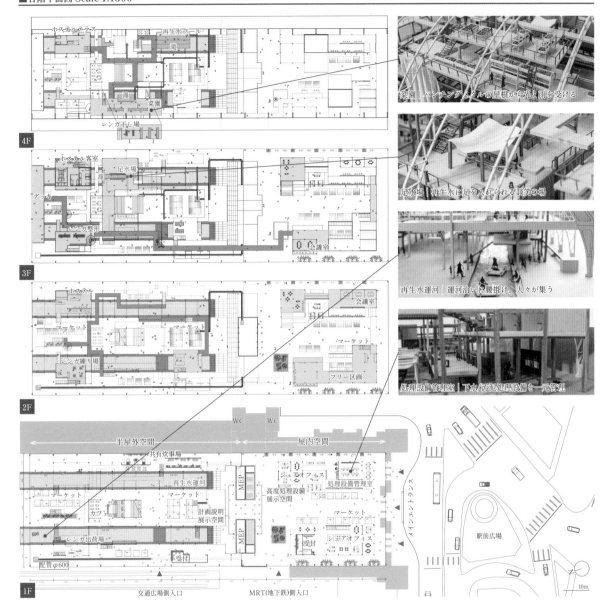

4F

菜園｜パンチングメタルの屋根から光と雨を受ける

3F

足水場｜再生水に足を入れられる談笑の場

再生水運河｜運河沿いに腰掛け、人々が集う

2F

処理設備管理室｜下水/汚泥処理設備を一元管理

1F

半屋外空間　屋内空間

交通広場側入口　　MRT(地下鉄)側入口

体は周りの区画が住宅で、とても小さなスケールの都市の中にあります。これが旧市街と新市街のちょうど間に位置していて、そういった面で市民が集まりやすいという点においては、運河を綺麗にしていくという強い意味合いを持たせるためにここに設定しました。

松田　つまりここはすでに地価の高い場所ではなくて、まちの中心は7km先の場所に移っているというイメージでよろしいですね？ この点は、プレゼンからは明確にはわからず、バンコクの地理を知らないとわからないので、大事なポイントかと思います。

東條　はい。

宮下　模型の意匠ですが、かなりインダストリアルなイメージのデザインにも見えます。パイプ、ダクトといったものを多用していますが、工業的イメージをあえて非常に強く見せているのでしょうか？ それとも設備の上の必要性から、それをそのまま使っているのか、どちらですか？

東條　設備を見せたいというところから始まって、ヨーロッパの駅舎とタイの生活様式と下水の設備が絡まり合うという空間を実現したくて全て現しました。

松田　この駅舎は元々1916年にイタリア人建築家の設計によって建てられたということですが、この建築の特徴やそれに対するリスペクトはありますか？ よく見たら最初のプレゼンの右上のところに古い駅舎のクラシックな様式の部分があ

りますが、100年前の建築をどうリスペクトしながら取り扱ったかという辺りがあれば、教えていただきたいです。

東條　この駅をリサーチすると、手前に駅舎があって、奥にトレインシェッドがあるというヨーロッパの基本的な構成になっていました。しかし、ヨーロッパの駅舎と違うのは、トレインシェッドの中にチケットカウンターを配置していて、2つの空間に分かれているところで、それがこの駅でしか見られない特徴で、駅舎部分はこのように保存して継承していて、トレインシェッド部分を更新するという形にしています。

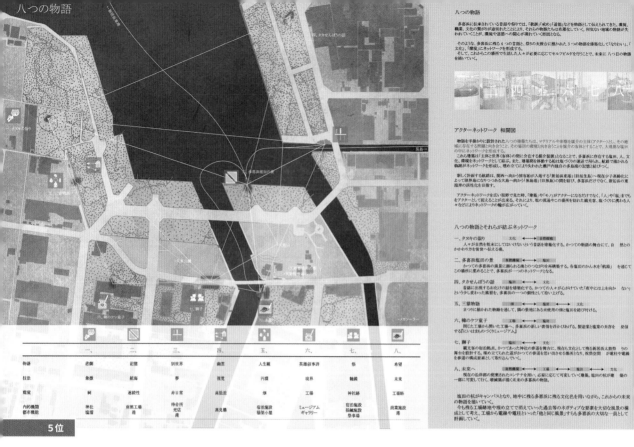

多喜浜に伝承されている昔話や祭りでは、「敦盛」「戒め」「道徳」などを物語として伝えられてきた。環境、職業、文化の繋がりが途切れたことにより、それらの物語たちも希薄化している。何気ない地域の物語が失われていくことが、環境や過去への関心が薄れていく原因となる。

そのような、多喜浜に残る八つの昔話と、祭りの太鼓台に描かれた3つの物語を媒体化して「なりわい」、「文化」、「環境」にネットワークを形成する。

そして、これらこの場所で生活した人々が必要に応じてセルフビルドを行うことで、未来に八つ目の物語を紡いでいく。

アクターネットワーク 相関図

物語を媒体に設計された八つの建築たちは、マテリアルや形態を媒介の主体（アクター）と、その地域に存在する問題と向き合うことで、その場所の環境に向き合うことを媒介の客体とすることで、大規模な塩田の中にネットワークを形成する。

これも建築が「主体と世界（客体）の間に介在する媒介装置」となることで、多喜浜に存在する塩田、人、文化、環境をネットワークとして捉え、また、建築間を移動する媒介づくりの源流で結び、航路で描かれる軌跡がネットワークを形成し、初めてこれにより失われた瀬戸内特有の多島海の定型へと繋がる。

新しく計画する航跡は、関西へ向かう旅客船が八喜子まで結ぶ「新居浜東港」（旧星生島）～現在少子高齢者により世界航路になりつつある大島～向かう「無為島」（旧馬島）の間を結び、多喜浜が現在工場や新居浜の半海岸の活性化を目指す。

アクターネットワークを広い視野で見た時、「建築」や「モノ」がアクターになるだけでなく、「人」や「塩」までをアクターとして捉えることが出来る。それにより、塩の流通やこの場所を訪れた観光客、塩づくりに関わる人々などによりネットワークの幅が広がっていく。

八つの物語とそれらが結ぶネットワーク

一、タヌキの掘り 文化 ← 自然環境
人々が自然を粗末にしてはいけないという昔話を媒体化する。かつての物語の舞台にて、自然とのかかわり方を後世へ伝える為。

二、多喜浜塩田の景 自然環境 ← 産業
かつての多喜浜の風景に彩られた海とのつながりを再構築する。各塩田ののん水を「航路」を通じてこの場所に集めることで、多喜浜を結ぶ産業のネットワークとなる。

四、タカせんぼうの話 塩田 ← 文化
昔話に出現するおばけの話を媒体化する。かつての人々が心がけていた「夜中には上を向かない」という少し変わった風習を、多喜浜の一つの個性として語りあげる。

五、三猿物語 祭 ← 塩田 ← 文化
まつりに組み込まれた物語を通して、幕の意味に込められた未使用の塩と塩田を結び付ける。

六、韓のケツ窯子 工場 ← 塩田
閉じた工場越に開いた工場へ、多喜浜の新しい表情を浮かびあげる。製造業と塩業の共存を発信する『にはいるまものミュージアム』。

七、舞子 塩田 ← 文化
観光客の街巡拝点。かつてあった神社の参道を舞台に、現在もなりとして残る新居浜太鼓祭りの舞台を設計する。埋め立てられた道がかつての参道を思い出させる場所になり、祝祭空間が電柱や電線を多喜浜の構成要素として取り込んでいく。

八、未来へ 自然環境 ← 自然環境
現在の街工場の廃業されたコンテナを利用し、必要に応じて可変していく建築、塩田の杭の珍 繊の一部に可変してゆく、増減施設が繰えぶ未来の多喜浜の物語を描いていく。

塩田の杭がキャンパスとなり、地中に残る多喜浜に残る文化色を用いながら、これからの未来の物語を描いていく。

今も残る工磁緑地や埋め立てで消えていった過去等のネガティブな要素を大切な風景の構成として考え、工場から電線や電柱といった「他と同じ風景」すらも多喜浜の大切な一員として計画していく。

5位

地中を舞う種に習いうたをつなぐ
～塩で描く多喜浜の未来の物語～

KSGP
23045
西本 敦哉 Atsuya Nishimoto
京都市立芸術大学大学院 美術研究科 デザイン専攻

- これからの展望 -

愛媛県新居浜市多喜浜。かつては遠浅な海岸が広がり、豊かな自然を用いた地場産業である塩田が存在していた。

現在では大規模な埋め立てにより、工場地帯が広がっている。

失われた本来の姿である自然環境や自然と人との関係性を取り戻すために、「自然環境」、「産業」、「文化」の3つをつなぎ合わせる計画を提案する。

まずはじめに、廃工場や使われていない土地に「塩田」を配置し、自然環境と産業をつなぎ合わせる。それら塩田に、伝承される昔話や祭りをもとに、3つの関係を結ぶアクターとしての8つの建築を計画し、広範囲な多喜浜にネットワークを結ぶ。

それら8つの建築は単体として存在するのではなく、その間を結ぶ媒介装置として存在させることで、未来の多喜浜の風景を構築していく余白をつくりだす。

人為的行為がもたらした社会問題と向き合うことで、現代人が見失いがちな環境との向き合い方へとつながっていく。

制作テーマについて

「地元の祭りは年々衰退し、まちの風景も、どこのまちでも見かけるような場所になり、人のなりわいが消えていく。」そのような疑問が卒業設計の出発点だった。

その時に出会ったのが、土地の記憶、自然環境、文化と向き合い製作された作品たちが海を越えてネットワークを結ぶ瀬戸内国際芸術祭だった。

単体で存在する建築ではなく、自然や文化を結ぶ媒介装置となるような、新しい建築のあり方を模索した。

対象敷地／愛媛県新居浜市多喜浜

01.　愛媛県新居浜市 多喜浜

瀬戸内海特有の遠浅な海岸、燧灘。

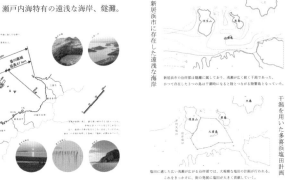

四国の瀬戸内海側のほぼ中央に位置する人口12万人の都市。
別子銅山開坑によって繁栄し、沿岸地域は工場群が帯状に形成され、
四国屈指の臨界工場地帯となっている。

現状の土地利用の調査

多喜浜の現在の姿

かつて塩づくりで栄えた場所が、海岸沿いを埋め立てて工場地帯となり、今では廃工場が集積する殺伐とした風景となっている。
近代産業構造と土地計画利用の典型例だが、貴重な自然資源を犠牲にした場所の結末ともいえる。

人の姿が失われたこの町で、人々の賑わいが生まれる秋祭りが10月の3日間の間だけ開催される。
しかし年々賑わいは薄まっていき、秋祭りのイベントの一つである、海上で行われていた「船御行」は開催されなくなった。

02.　多喜浜と塩の歴史的背景

03.　環境、産業、文化が繋ぐネットワーク

過去

多喜浜塩田時代

現在

多喜浜工場地帯

未来

提案：塩の森

1. 塩田による産業創生

2. ネットワークを繋ぐ媒介装置としての建築

3. デザインを用いたネットワークの形成

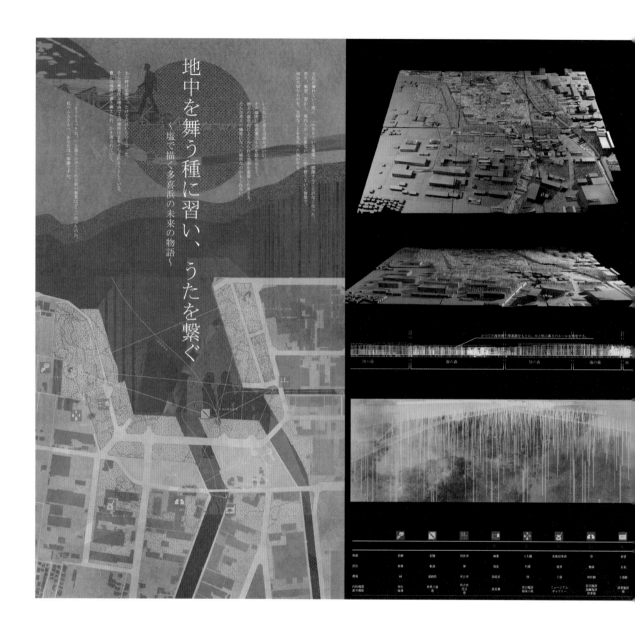

地中を舞う種に習い、うたを繋ぐ
～塩で描く多喜浜の未来の物語～

物語	悲劇	記憶	別世界	幽霊	人生観	非親和事柄	祭	未来

質疑応答

松田 8つの話には昔話も含まれていて、そうすると現在生きている人とは距離の遠い想像上の話だと思いますが、どうしてアクターネットワークが構築されることになるのですか?

西本 郷土にある昔話は昔の人々が築いてきた習わしや、道徳的な想いがこもっていると思います。「高せんぼう」は夕方になると影が伸びてきて、それを見るとお化けに襲われるという話ですが、子どもたちに早く帰ってきなさいという習わしを込めた物語です。そういう想いを表出するため、その物語を扱っています。

松田 アクターネットワークは物事の一種の見方や記述の方法なので、仮に説明に使ったとしても、現実のネットワークの構築につながるのかどうかがわかりません。

西本 それは活動など、一個一個が機能を持った場所でそれぞれに展開しています。ここに航路をつないで、それぞれの港を行き来して工場に持っていくなど、ただつながり合っている道や航路を結び付けることで、その活動がこの広い場所で一体になるため、アクターネットワークという言葉を用いました。

安居 情緒的なストーリーのつくられ方は面白いのですが、塩田と工場が両立するのがイメージできません。工場から廃水も出るので、そこで取られた塩が本当に食用として使えるのでしょうか。また、工場の側から見た時に目の前に塩田が

できてしまうと、そこがぶつかるように感じました。もう1点は、工場と一緒に並べただけでは、塩田が経済活動を盛り上げるのがイメージできません。工場は経済利益と雇用を生み出すと思いますが、塩田がどうそれらを生み出すのか気になりました。

西本 一つ目の質問ですが、この場所では海の近くに石油化学コンビナートがあり、頻繁に海水の汚染状況を調査しています。東側の海はコンビナートで少し汚れていますが、こちら側は汚くない海で、公民館があって、かつての塩田の取り方を体験できる施設があり、ここの海を使っているのでこの海は生きています。もう一つの質問は、僕はそれほど資本的な意味合いで塩田を置

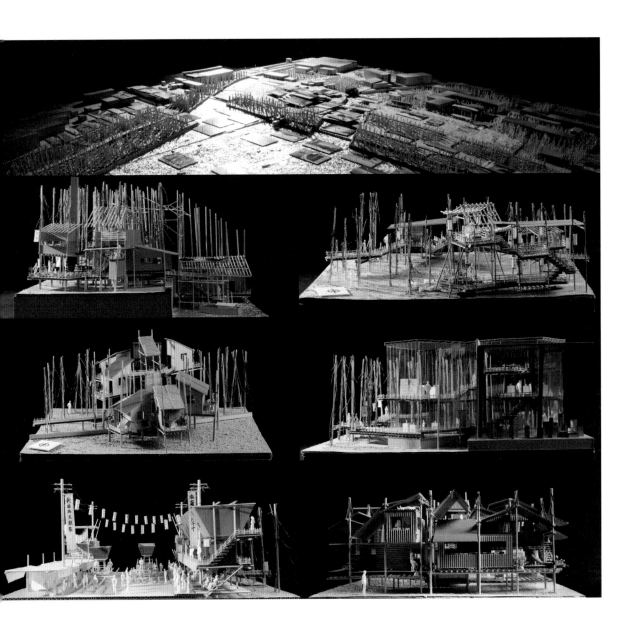

いていなくて、この場所の風景のあり方として提案しています。それが経済活動に微力ながらつながると信じてはいますが、お金を生み出すことを重視していません。工場との共存は、工場が衰退して空き家になると空き地化して、塩田が広がるという相互関係を築いていきたいと考えています。

中川 地の利を生かして塩田をやっていたけれど、何か理由があって工場に置き換わり、でも工場もだんだん空き家になってきて限界が見えている。そこでもう一度塩田を取り戻しつつ、次の経済のあり方を見つけようという提案だと思います。だから、トークセッションでも出た「脱成長」などと絡めた、工場とは違う経済を回す仕組みが

何かあれば皆が推せると思います。

西本 赤穂などでは塩を観光名産にしていますが、ここでもこの塩を名産物として、地の利を生かした新居浜だけの塩ができます。近くに飲食店や食品工場もあるので、それらと絡みながら、新居浜の自然に採れたミネラルが豊富な塩を、再解釈できないかと考えています。

魚谷 名産品をつくるとか、成分を見直して塩に直せるのであれば、その建築は必要あるのでしょうか?

西本 塩をつくりたくて設計を始めたのではなく、祭りをどう活気づけられるかというスタートでした。そのためにはこの場所を生かした生業が必要で、塩田と建築が両立した生業があれば、自

分の祭りも活気づくと考えました。もし場所が強ければ塩田である必要性はないと思いますが、この場所では製塩工場が必要だと思います。

中川 工場でつくる塩と塩田でつくる塩は全然別物です。工場でつくると化学物質のような感じですが、塩田だとミネラルなどが入るから味も全然違う。でも今は量が取れなくてやめてしまったので、少量でもそういう塩に戻そうと言っているようで、そちらをもう少し押した方がいいと思いました。

6位

併遷の行方
ー大江宏・乃木会館における建て継ぎ型保存ー

KSGP
23170
松本 真哉 Shinya Matsumoto
法政大学大学院 デザイン工学研究科 建築学専攻

ぽつぽつ並ぶ四角い窓、手仕事を感じさせるレンガタイルや漆喰のムラ。一見武骨だけどどこか愛くるしくて、心惹かれる、そんな「東京のパラッツォ建築」とも呼べるビルたちは今、次なる一手を考えるフェーズを迎えている。

私はそのような歴史的建造物の価値を引き継ぎながらこれからの都市を考えていくために、古い建築と新しい建築が手を取り合うような関係性を持つことが必要だと考えた。事例研究から得られたのは、互いの機能を補完しながらファサードの意匠的エッセンスを継承するという現代的な手立てであった。「歴史的建造物の建て継ぎ型保存拡張」と名づけたこれらの手法をもとに、魅力あふれる建築のこれからを自分事としてとらえた

対象敷地／東京都赤坂 乃木会館（1968、大江宏）

い、そんな想いがこの設計の出発点となった。

敷地は東京・赤坂にある乃木会館とその隣地。乃木会館は隣接する乃木神社で行われる婚礼の披露宴会場として1968年に建設された。法政大学建築学科の礎を築いた大江宏設計の乃木会館は、乃木神社を抱く豊かな緑とシームレスにつながりながら、当時まだ稀であったプレキャストコンクリートを用いた五角形のコロネードが都市の中に異様な存在感を放つ唯一無二の建築である。しかし、初めてこの場所に訪れたとき、どこか心に引っかかったのが隣地に建つ高層オフィスビルの存在だった。現代の経済原理からして、このビルの存在はある意味必然ともいえる。しかし、共通言語を持たない2つの建築の併存に違和感を覚えざるを得なかった。

本設計では、隣地のオフィスビルを建て替え、新旧の建築の相互補完的な関係性を築いていくことによって、これからを生きる乃木会館における建て継ぎ型の保存拡張を提案する。

まず、建て替え部分にノマドワーカーのための居住・宿泊機能を与え、床面積を低減したボリュームを設定する。次に、平日使われていない乃木会館の披露宴会場や控室といった既存ストックを、ワーキングスペースや生活の場として居住者に開

き、新築部と既存部をつなぐように回廊が巡っていく。新築部の機能を最小限に抑え、活動の場を既存ストックへと展開していくことで乃木会館を取り巻く人々のふるまいが都市へ見え隠れする。周辺環境との目線を合わせた新築部最上階は乃木神社と乃木会館の連続性を感じられる展望デッキとして街にひらかれる。また、新旧をつなぐ回廊は乃木会館の象徴ともいえる五角形のコロネードを街並みの中に延長していく。半外部化した既存部の渡り廊下からは婚礼の様子が垣間見え、ブラックボックス化し失われていたこの場所の祝祭性を取り戻す。このように、二つの建築の包括的な関係性の中で既存ストックの使い尽くしを促していくことが、結果として魅力的な乃木会館のコロネードやスカイラインを継承することと連関関係を結ぶ。

大江宏『混在併存』の思想のもと紡がれてきた乃木会館の時間的変遷。その先に描かれる新しい建築と古い建築の緊張関係は、現代の都市に新たな営みと風景を創出する。

再編手法

歴史的建造物の建て継ぎ型保存拡張

— 古い建築と新しい建築の主従関係をつくらない.
— 親子ではなく兄弟のような関係性.

課題意識

共通言語なき併存

— 乃木会館と乃木神社の間に建つ 12 階建てオフィスビル.
— アンバランスな併存に違和感を覚えた.

事例研究

ファサード再編と用途更新

— 51 の事例を収集.
— 連続立面図の作図と機能のリサーチから手法を分析.
— 機能を補完しながらファサードの意匠的エッセンスを継承.

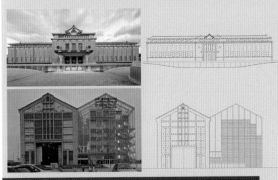

対象敷地

東京のパラッツォ建築・乃木会館

— 1968 年竣工, 大江宏設計.
— 乃木神社の緑とシームレスにつながる.
— 五角形のコロネードが異様な存在感を放つ唯一無二の建築.

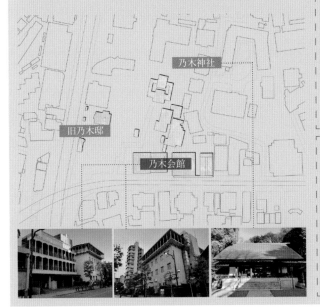

設計提案

建築的再編と使い尽くし

— 稼働面積を低減し空間の稼働時間を増やす.
— スカイラインを再編し、コロネードを街に延ばす.

1.【新築部】ノマドワーカーのための居住宿泊機能を設定

床面積を低減

2.【既存部】平日使われていない空間をワークスペースや
生活の場として転用

スカイラインを再編

3. 新旧をつなぐように回廊が巡る

五角形のコロネードを拡張

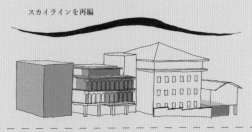

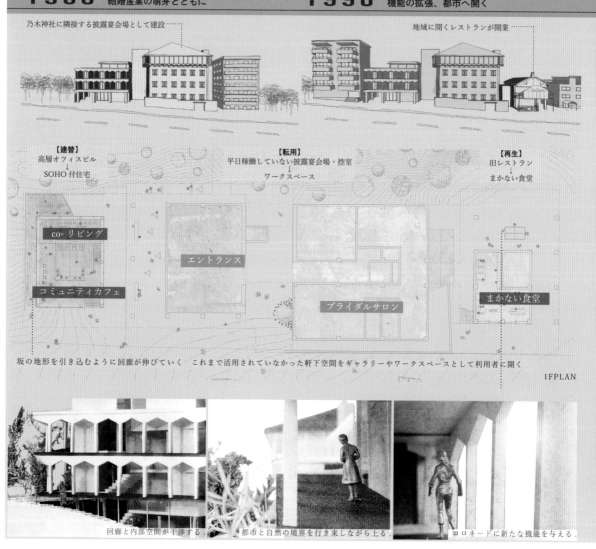

設計提案

時間的変遷の先に "これから" を描く

1968 結婚産業の萌芽とともに　　　　**1998** 機能の拡張、都市へ開く

乃木神社に隣接する披露宴会場として建設⋯⋯⋯⋯　　　　地域に開くレストランが開業⋯⋯⋯⋯

【建替】
高層オフィスビル
↓
SOHO付住宅

【転用】
平日稼働していない披露宴会場・控室
↓
ワークスペース

【再生】
旧レストラン
↓
まかない食堂

co-リビング

コミュニティカフェ

エントランス

ブライダルサロン

まかない食堂

坂の地形を引き込むように回廊が伸びていく　これまで活用されていなかった軒下空間をギャラリーやワークスペースとして利用者に開く

1FPLAN

回廊と内部空間が干渉する　　都市と自然の境界を行き来しながら上る　　コロネードに新たな機能を与える

質疑
応答

安居　新旧の「旧」を乃木会館と捉えて、その隣地にある建物の建ち方がおかしいというのはわかりますが、それを完全に潰すということですよね?

松本　これはフットプリントを同じぐらいで設計しているので、現実的には骨格を残すなど考えないといけないとは思います。

安居　こういうプロジェクトは物や建築単位で考えるのも大切ですが、完全に潰しにかかるという姿勢で進めると絶対に敵をつくると思います。

松田　日本ではこういう風に、コロネードで建築をつなげていくという考え方はあまりないですよね。この3月にフィレンツェに行ったのですが、そこでは街の中心部でポンテ・ヴェッキオを横断する「ヴァザーリの回廊」という空中レベルの長い通路があります。こうした回廊の面白さは実際に体験しないとわかりにくいものですが、そういう面白さがここに生まれるという感覚を受けました。

宮下　大谷幸夫先生がつくられた金沢工業大学の校舎も、キャンパス全体がコロネードでつながっています。北陸では雨や雪の多さや雁木など、コロネードとは少し違う形態ですがいろいろ工夫されていますよね。この立面を見ると窓に庇が微妙に掛かっていますがあえてやっているのか、それともたまたまなのでしょうか?

松本　たまたまです。

宮下　そうであれば、もう少しその辺りは考える必要がありますね。ファサードを加えているわけだから、重ねたものがどういう見え方をするのかがとても大事だし、元々ある建物に対してどういう意味や効果を持つのかをしっかりと考えることが大事だと思います。

松本　距離感は考えたつもりですが、こちら側の通路に関しては課題が残りました。

松田　これはかなり立体的につくられていて、後ろに回り込む部分も空間的につなげられていますね。乃木會館の東側の建物の4階部分にも実はコロネード的なものがあって、そこともつなげていますよね。このように立体的にコンテクストをつなごうとしているところは、模型を見てあらためて気付きました。

中川　つなぐのは4個ですか? スカイラインの

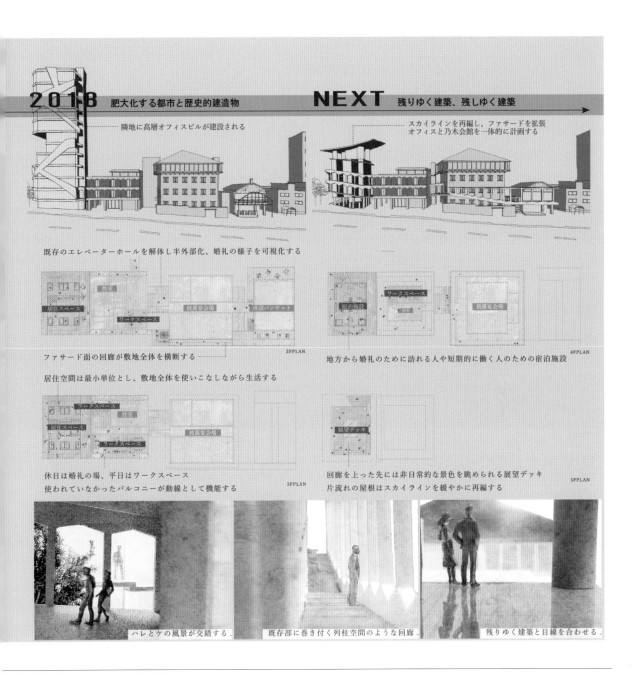

隣地に高層オフィスビルが建設される

スカイラインを再編し、ファサードを拡張
オフィスと乃木会館を一体的に計画する

既存のエレベーターホールを解体し半外部化、婚礼の様子を可視化する

2FPLAN

4FPLAN

ファサード面の回廊が敷地全体を横断する

地方から婚礼のために訪れる人や短期的に働く人のための宿泊施設

居住空間は最小単位とし、敷地全体を使いこなしながら生活する

休日は婚礼の場、平日はワークスペース
使われていなかったバルコニーが動線として機能する

3FPLAN

回廊を上った先には非日常的な景色を眺められる展望デッキ
片流れの屋根はスカイラインを緩やかに再編する

5FPLAN

ハレとケの風景が交錯する

既存部に巻き付く列柱空間のような回廊

残りゆく建築と目線を合わせる

再編とか、ファサードの連続性という時に4個だけつなぐと、場合によっては単体で取り出しているようにも見えると思いました。

松本　自分の希望としては右側の部分がその先にもつながって、隣の建物の人もつなげたくなるような余剰を残しながら設計したいと思いました。この4個の中で考える時にそういう手法を取ったのですが、その先を僕がやるというのは考えていなかったです。

中川　プロジェクトとしては、今は4個だけできればつなげたいのか、それとも4個であることが重要なのか、どちらですか?

松本　自分としては、このコロネードがもっとつながっていたらいいと思います。ただ、この4個が

乃木会館の敷地3棟プラス隣の建物という感じだったので、今回この敷地の範囲にしました。

塚本　パラッツォをきちんと意識して設計するのはいいと思うけれど、東京におけるパラッツォ建築の可能性はどの辺りにあると考えていますか?

松本　主観的には、まちを歩いていて建物を見て建築の力をとても感じるのがファサード面だと思っています。そこから少し活動が見えて、それが道に滲み出てくるという関係性は、この街区ギリギリに建っているという建て方が面白いです。それがなくなったところを再編したいと思いました。

塚本　日本でパラッツォ建築が建てられたのは

1930年代から50年代までです。その後31mの高さ規定がなくなってカーテンウォールが入ってきて、パラッツォ型の都市建築タイポロジーは、村野藤吾の世代以後の建築家たちはやらなくなりました。だけど、都市と建築が互いに定義し合うタイポ・モルフォロジーという都市と建築の最も卓越したバランス関係を見出そうとするなら、パラッツォ建築は、町家などとともに見直されるべきです。そこをさらに議論したいです。

ウママチ　〜馬家族による連関的総体の創造〜

KSGP
23145

亀山 拓海　Takumi Kameyama
林 晃希　Kouki Hayashi

袋谷 拓央　Takuou Hukuroya
平尾 綱基　Tsunaki Hirao

中島 聖弥　Seiya Nakajima
滝川 桜　Sakura Takigawa

大阪工業大学大学院 工学研究科 建築・都市デザインコース専攻

　岩手県遠野市は「馬」とともに生きてきたまちである。農畜林産物や諸物資の運送といった交易流通の唯一の手段、また冬場に冷え込む地域の暮らしにおいて、地域住民の生活には欠かせない存在であり、「馬」は家族の一員として遇されてきた。「馬」との協働は農業や林業を行うだけでなく、他人やその荷物をついでに運ぶ「駄賃馬稼」という副業も行っていたとされる。つまりモノだけではなく、「行為」または「時間」までもが「おすそわけ」されることで遠野の包括的な繋がりが形成されていた。

　しかし、生活から分離した施設や現在の地域産業では、人手不足をはじめとする様々な問題が起こっているため、新しく人を呼び込もうとする

が、それは一時凌ぎであり「応急処置」に他ならない。つまり、専門的な人材や場所を必要とする現在の「施設」や「物流」などをはじめとする効率化だけを重視した「断続的環境」での現代の暮らしには限界がある。人口減少時代において、人や場所の役割を固定・限定しない暮らしのあり方が求められるのではないだろうか。

　かつての「馬」との暮らしによる連鎖を新たな遠野の環境として現代に再編する。「馬とともに日常を営む集団」を「馬家族」と定義する。遠野に暮らす子供からお年寄りまで、それぞれの日常に馬との交わり、つまりは「手間」を挿入する。この「手間」から生まれる小さな生産的行為により、専用の施設に振り分けられた「働く」「学ぶ」「遊ぶ」「支える」といった、本来切り離すことのできない連関的、循環的生活を再編する。働くことが学ぶことにつながり、学ぶことで支え合えるような生活への変換を促す。

　「馬家族」により生まれた個々の生活の変化を連鎖させる。個々の生業や趣味が変化し生まれる、小さな生産行為が折り重なり、モノや行為、場所などの「おすそわけ」という遅い物流サイクルを地域に形作ることを通じて、お互い様の関係性を再構築する。そして、現在断続的状況にあ

る遠野市のこれからの姿として、個々の役割を固定せず、地域全体で補い合う「持続的な地域環境」を目指す。本提案における「地域環境」とは遠野市を取り巻く生活状況、つまり「労働」「教育」「福祉」と、それに付随する施設、さらにはその周辺にいる生態系などの自然環境を含めた「連関的総体」を指す。

　「馬」を家族として迎え入れたこのまちでは、様々な生産的行為が生活の中に組み込まれる。路地や庭を活用した小さな農業、そこでの収穫物を食材とした小さな食堂、農業によって生まれる小さな自然によって可能となる養蜂など、そこには生産的行為の連鎖と循環が生み出される。これらの小さな生産的行為を通じて、さらには、それらによって生み出される「環境」において、「学び」もまた学校に押し込めるのではなく、まちへと展開されることとなる。そして、馬との暮らしがもたらす「手間」の連鎖が、本来切り離され得ないこれらの行為や場を繋ぎ合わせるのである。

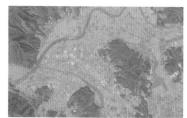

対象敷地／岩手県遠野市周辺

01. 敷地　岩手県遠野市周辺

a. 「馬」とともに生きてきたまちの風景

岩手県遠野市は「馬」とともに生きてきたまちである。農産林産物や諸物資の運送といった交易流通の唯一の手段、また冬場に冷え込む地域の暮らしにおいて、地域住民の生活には欠かせない存在であり、「馬」は家族の一員として遇されてきた。

b. 「駄賃馬稼」と「おすそわけ」

「馬」との協働は農業や林業を行うだけでなく、他人やその荷物をついでに運ぶ「駄賃馬稼」という副業も行っていたとされる。つまりモノだけではなく、「行為」または「時間」までもが「おすそわけ」されることで遠野の包括的な繋がりが形成されていた。

c. 現状:「馬」と切り離された暮らし

交通機能や農機具の発達をはじめとした技術発展により、現状遠野市でもほとんどが「馬」との協働から離れた生活を行っている。効率化を求め生活機能は、その多くが「施設」へと分離し、飼育されなくなった「馬」は殺処分される現状にある。

02. 問題提起　「断続的環境」の限界と「馬」の可能性

a. 「断続的環境」の限界点

生活から分離された施設や現在の地域産業では、人手不足をはじめとする様々な問題が起こっているため、新しく人を呼び込むとするが、それは一時凌ぎであり「応急処置」に他ならない。

つまり、専門的な人材や場所を必要とする現在の「施設」や「物流」などをはじめとする効率化だけを重視した「断続的環境」での暮らしには限界がある。人口減少時代において、人や場所の役割を固定し限定しない暮らしのあり方が求められるのではないだろうか。

b. 「馬」と暮らすことの可能性

断続的とはいえ、遠野市には「馬」との協働がわずかに残る。現代において、馬の世話を個人で行うことは困難であるが、逆に「馬」との生活に含まれるこの「手間」をポジティブな意味として捉え直すことはできないだろうか。地域で「手間」を共有し、自然も含めた生活環境の中で「おすそわけ」という「自己治癒力」を涵養することで、かつて「馬」との暮らしで育まれていた「持続的環境」を再生することが可能なのではないだろうか。

03. コンセプト　「馬家族」を核とした環境の再編

a. 「馬家族」の日常による生活変化

かつての「馬」との暮らしを新たな生活の環境として現代に再編する。「馬とともに日常を営む集団」を「馬家族」と定義する。遠野に暮らす子供からお年寄りまで、それぞれの日常に馬の交わり、つまりは「手間」から生まれる小さな生産的行為により、専用の施設に振り分けられた「働く」「学ぶ」「遊ぶ」「支える」といった、本来切り離すことのできない連関的、循環的生活を再編する。働くことが学ぶことにつながり、学ぶことで支え合えるような生活への変換を促す。

b. 「おすそわけ」により開かれる関係性

「馬家族」により生まれた個々の生活の変化を連鎖させる。個々の生業や趣味が変化し生まれる、小さな生産行為が折り重なり、モノや行為、場所などの「おすそわけ」という遅い物流サイクルを地域に形作ることを通じて、お互い様の関係性を再構築する。そして、現在断続的状況にある遠野市のこれからの姿として、個々の役割を固定せず、地域全体で補い合う「持続的な地域環境」を目指す。

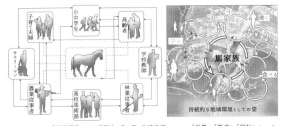

本提案における「地域環境」とは遠野市を取り巻く生活状況、つまり「労働」「教育」「福祉」と、それに付随する施設、さらにはその周辺にいる生態系などの自然環境を含めた「連関的総体」を指す。

04. プログラム　段階的に変化する地域環境

「馬」を家族として迎え入れたこのまちでは、様々な生産的行為が生活の中に組み込まれる。路地や庭を活用した小さな農業、そこでの収穫物を食材とする小さな食堂、農業によって生まれる小さな自然によって可能となる養蜂など、そこには生産的行為の連鎖と循環が生み出される。これらの小さな生産的行為を通じて、また、それらによって生み出される「環境」において、「学び」もまた学校に押し込めるのではなく、まちへと展開されることとなる。そして、「馬」と暮らしがもたらす「手間」の連鎖が、本来切り離され得ないこれらの行為や場を繋ぎ合わせるのである。

馬と暮らすまちの俯瞰

■ 馬と耕す

交通量が少ない路地を土に還し、馬とともに小さな農地として耕す。小さな農業による収穫物は、その家庭で消費されるだけでなく、近隣のおすそ分けや、小さな食堂にも提供され、連鎖を紡ぎ出している。また、この働き方に伴い、住宅には土間が挿入され、路地農地に対して開かれている。小さな農業、路地農地、そして開かれた住宅の連関によって近隣住民の関係性が再構築される。

■ 馬と学ぶ

馬とともに小さな農業が始まると「環境」は少しずつ変化していく。まちには作物が実り、蝶が舞い、鳥が飛ぶ。子供たちの学校への通学路は、「移動から学び」の空間へと変わる。馬の家の一つとなった学校で子供たちは、馬の世話を通じて、生きること、他者を労り、支えることを学ぶ。

■ 馬と商う

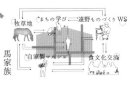

小さな農業を始めとする生産的行為の連鎖によって遠野のまちに「遅い物流」を生み出す。小さな農業、それと結びついた小さな商いによって生産された様々な「自家製」が馬に運ばれてまちを巡る。この日常としての移動「万屋」がまちの人々を緩やかに繋ぐ。また、福祉施設を会場として「自家製」を持ち寄る「おすそ分け市」を定期的に開催することで、遠野の「馬家族」のつながりが醸成されている。

06. 建築提案　「持続的環境」を生み出す建築

馬との暮らしを再編し、現代の遠野に点在的に建築を提案することで、かつてのように本来切り分けられない暮らしの循環を生み出す。

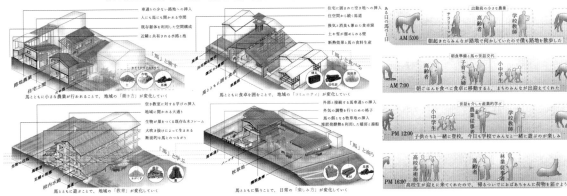

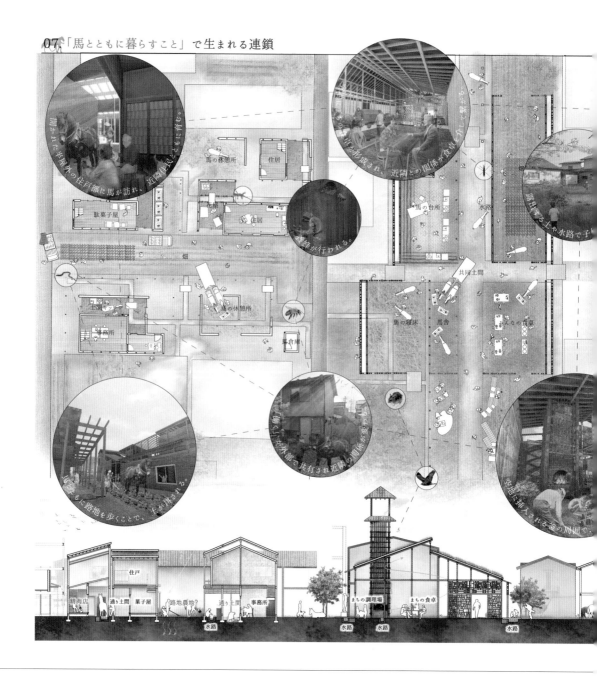

質疑
応答

安居　第一に、遠野の方々がどう思うかがとても大切だと思います。2つ目は、個人的に建築は目的ではなく手段だと思っていて、その時に住居に新しく土間を設けたり、校舎を一部取り壊して改築したりする必要があるのでしょうか。たとえばこの地域に未活用の空き地や空き家があれば、それらを活用してあなたがイメージされている馬家族というものができると思います。

平尾　遠野では小学生の数が減り空き教室が生まれているので、それらを一部解体して、馬と遊ぶことで、学校以外での学びを得る機会を設けられると考えています。

安居　建物はいらないと思いました。建物を新しくつくらなくても、廃校や空き家、空き地の活用で達成できると思います。

平尾　今の切り分けられたような暮らしに着目していて、その暮らしをつなげて、地域全体につながりを生み出したかったので、既存のこの建物の中に挿入することを考えました。

魚谷　馬と暮らしていた生活が失われたのをそのまま回復するのではなく、学校に馬を持ってくるという新しい形で回復しようとしています。学校の教室が余っているとか、住宅も人数が減って余っているスペースがあって、そういうところを利用すると理解すれば、それはそれでいいと思います。そこでプレゼンを聞いてわからなくなったのは、そもそも何がしたかったかというと、役割が固定化している現代の暮らしが疑問なんだよね？そこに馬が来ることで、馬の餌やりなどいろいろな役割が増えていくので、その関係が余計大変になるのではないですか？

平尾　その点は、まちで馬を数頭飼うことで、一家に1頭ではなく、まち全体で共有される手間とすることで解消しようと考えています。

魚谷　役割が固定化してしまっている現代においては、馬を飼うことは困難だけれども、皆で飼えばいい。役割もいろいろな人が関わりながら、より大変なのは変わらないけれど、それほど大変ではないということですね。役割が固定化されている現代社会みたいなものが、変わるような仕組みだったらもっと良かったと思います。

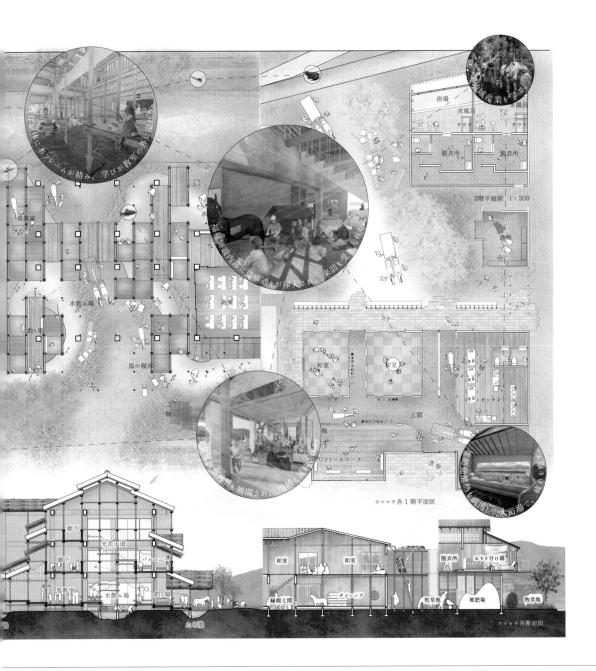

2階平面図 1：200

ウママチ各1階平面図

ウママチ各断面図

中川 馬は人間より大きいのでたかだか数頭だったとしても、まちの中で飼うと、人間のスケールの場所と馬のスケールの場所がもう少し混ざっていくという気がしますが、模型を見ると割と人間のスケールのような感じがしてあまり馬の感じがしないと思ってしまいました。もし空き家があったとしたら、そこを改築して馬が悠々と通れる広々とした道をつくるとか、馬がいることで低密な人々の生活の集まりがとても豊かに見えるといった都市空間の再編になるとなお面白かったと思います。

松田 現代において馬と一緒に暮らすことで具体的に何がプラスになると想定しているのかがもう少し知りたいです。プレゼンを見ても働き方やコミュニティ、教育が変化していくとありますが、具体的にどう変化するのかが見えてこないのでそこを知りたいです。また必ずしも変化が良いことだとは限りませんので、変化によって何がプラスになるのか教えてもらえるでしょうか？

平尾 小学校を例に説明すると、馬は飲水を頻繁に摂取しないといけなくて、小学校には水場の空間を設けています。馬にとっては水を飲む場所ですが、人にとっては遊び場になったり、授業でも馬の餌を管理するという授業項目が現れたり、具体的な変化としては授業の一部が少し変わっていくということになります。

宮下 今回設計しているのはそれぞれの場所の校舎や付随する建物だと思うのですが、実際にはそれらの点に馬が移動してくるのですよね。そうするとまちの中にこれまでなかった馬という要素が入ることによって、道路や広場などいろいろな公共的な都市空間も変わるのではないかと思います。この計画ではその辺りをどれくらいイメージして考えていますか？ 別の言い方をすると点的な計画なのか面的で考えているのか。

平尾 面的な意味で地域を捉えています。

折節の氷風穴

KSGP 23158 佐藤 天哉 Takaya Sato 　山本 百香 Momoka Yamamoto

愛知工業大学 工学部 建築学科 住居デザイン・建築専攻

氷風穴という環境により栄えた集落

本提案は、時代によりその利用目的を変えてきた氷風穴の熟成効果に着目し、集落で新たにリンゴの栽培からリンゴ酢への加工、氷風穴での熟成保存を行う提案です。

助け合いの文化「えーっこ」

かつてこの集落では、冬に凍った池から住民が協力して氷を切り出し、風穴内に保存していました。この住民同士の助け合いの文化は「えーっこ」と呼ばれ、集落独自のコミュニティ文化となっていました。しかし、風穴を用いた生業のない現在、住民同士の助け合いの意識は薄れてしまっています。

対象敷地／長野県小諸市　氷風穴（写真は現在使用されている唯一の氷風穴）

自然が生み出した特殊な環境「氷風穴」

氷風穴は地滑りによってできた地下の岩の層により生み出されました。地下の岩の層は空気を通す空間を持ち、冬に冷却された岩や隙間に残る氷は、春から夏にかけて内部の空気を冷やし、冷やされて重くなった空気は氷風穴から吹き出すという仕組みになっています。

失われつつある環境

現在使われている氷風穴は1つしかなく、残りの氷風穴には屋根もかけられておらず、湿度を高く保てないことに加え、内部の温度が外の気温に影響されてしまい、風穴としての機能を失っている状態です。氷風穴本来の、自然の作用による特殊な環境を維持管理し、後世に残します。氷風穴の保護は周辺に自生する、本来小諸よりも寒い地域にしか生息しない植物の保護にもつながります。

内部環境に適合した構造

風穴を最大限に活かすために茅葺屋根に気抜けの煙突を設け、入口を二重にすることで空気の循環を行い、湿度100%の風穴内部でもカビを繁殖させない仕組みを踏襲した修築案を提案

します。軸組みには湿度に強く、付近でよくとれる栗材を用います。

持続可能性のある生業のサイクル

高い湿度による茅葺の腐敗が早いという問題に対し、茅葺屋根が腐ることを許容した修復プログラムを提案します。

リンゴ酢の樽熟成は3年単位で行うため、3年の熟成を終えた氷風穴は、茅葺を修復のために取り外して軸組みだけの状態にし、観光客の風穴体験場所として1年間開放します。これを樽熟成用の風穴4つで繰り返し行います。

氷風穴の存在を身近に感じる

氷風穴は斜面の上に位置しているため、集落の生業を支えていた反面、孤立した存在でもありました。本提案では、風穴から集落まで建物を分散して配置し、それぞれの建物にリンゴ酢への加工工程を持たせ、集落にいても氷風穴という存在を身近に感じられるようにしました。リンゴの栽培やリンゴ酢への加工を住民が役割分担し、協力して行うことで、助け合いの文化である「えーっこ」が継承されていきます。

助け合いの文化「えーっこ」

自然が生み出した特殊な環境「氷風穴」

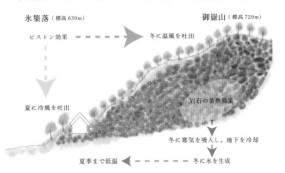

氷集落（標高630m）　　　　　御嶽山（標高729m）
ピストン効果　→　冬に温風を吐出
夏に冷風を吐出
岩石の蓄熱効果
冬に寒気を吸入し、地下を冷却
夏季まで低温　←　冬に氷を生成

失われつつある環境

内部環境に適合した構造

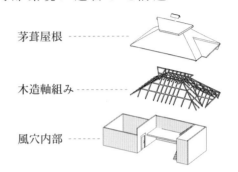

茅葺屋根 ---------
木造軸組み ---------
風穴内部 ---------

5号風穴と新2号風穴

昔の氷風穴の様子

持続可能性のある生業のサイクル

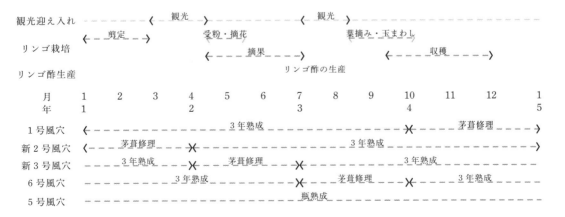

観光迎え入れ　　　　〈 観光 〉　　　　〈 観光 〉
　　　　　　← 剪定 →　　受粉・摘花　　葉摘み・玉まわし
リンゴ栽培　　　　　　　　　　　　　　　　収穫
　　　　　　　　　　　← 摘果 →
リンゴ酢生産　　　　　　　　リンゴ酢の生産

| 月 | 1 | 2 | 3 | 4 | 5 | 6 | 7 | 8 | 9 | 10 | 11 | 12 | 1 |
| 年 | 1 | | | 2 | | | 3 | | | 4 | | | 5 |

1号風穴 ← 3年熟成 → 茅葺修理
新2号風穴 ← 茅葺修理 ✕ 3年熟成 →
新3号風穴 3年熟成 ✕ 茅葺修理 ✕ 3年熟成
6号風穴 3年熟成 ✕ 茅葺修理 ✕ 3年熟成
5号風穴 瓶熟成

質疑応答

塚本　現在使用されている氷風穴が一つあると言っていましたが、それはこのような形をしているのですか?

佐藤　昔の写真を元にして、トタン屋根が掛けられている状態になっています。茅葺きの下にも軸組を置いていますが、それは資料がなかったので自分で考えています。

塚本　煙突みたいになっているのは何?

佐藤　空気を抜くための気抜けの煙突です。

塚本　これがないと冷気が入ってこないということ?

佐藤　内部の空気が風穴の石垣から出ているので、それを抜くことで循環させています。

塚本　人は手前の三角のところから入るの?

佐藤　はい。

塚本　その下に民泊みたいなものがあると書いてあって、それもなぜこのような形なの?

佐藤　風穴は木々に隠れて、地域に見えない状態になっていてつながりが感じられなかったので、風穴の形を模した建物にすることで風穴と集落をつなげます。

塚本　でもモチーフ的に使ってしまうと、風穴の屋根が茅葺きでこういう形をしていたことの価値が逆に劣化してしまわないでしょうか。これはどのくらい実感を持ってやっているのかな?

佐藤　実現させたいという気持ちです。

塚本　地元の人と話はした?

佐藤　現地に一度赴いた時に、氷風穴の里保存会の会長と話をすることができました。風穴の石垣を組むことができる方が一人しかいないので、今やらないとそれがなくなってしまうということで、この提案で実現させたいです。

塚本　あなたはこれからここに通うの? これを守る人はいないのでぜひ頑張ってください。

佐藤　やりたいのですが、塚本先生のお言葉を借りると「アリの一穴」になるような提案として10選に選んでいただき、認知してもらう機会を得ることができたので、その後につながっていけばいいなと思っています。

安居　実際に稼働しているのは一つだけで、職人さんもお一人ということですが、老朽化して

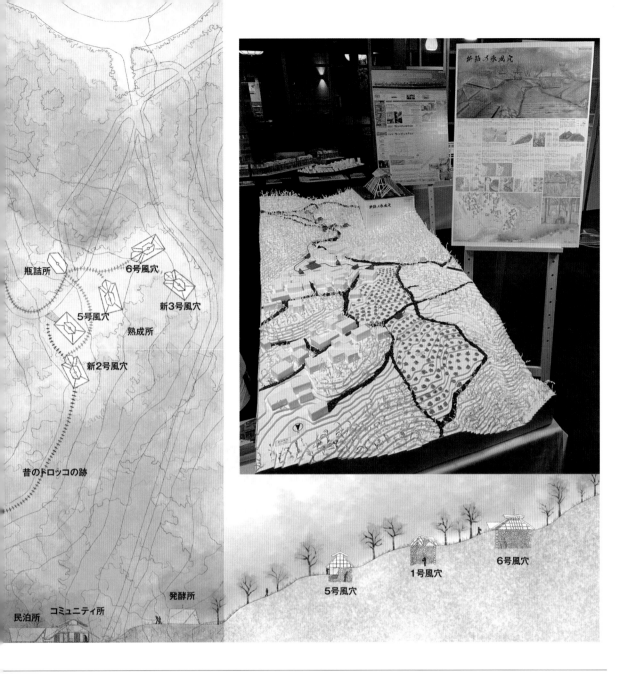

瓶詰所

6号風穴

新3号風穴

5号風穴

熟成所

新2号風穴

昔のトロッコの跡

発酵所

民泊所　コミュニティ所

5号風穴

1号風穴

6号風穴

今は機能として使えないものを、もう一度再生させるのが可能なのかが一つ目の質問です。もう一つは、たとえばリンゴやお酢をあそこに入れていくと、高齢化が進んでいるので取り出すのが大変だと思います。だから、これが再生した時にどう活用されて、ソフト面でもどう持続可能な形になるのかイメージされていますか？

佐藤　元々風穴がこの地域には10数基あり、茅葺きの屋根が掛けられていたのですが、風穴の内部は湿度が高く、茅葺きがすぐに腐ってしまい、取り替えるのがかなり大変な作業でした。今回の提案では4年に一度茅葺きを取り外して、乾燥させてもう一度使うことでその労力を軽減させます。また、風穴の元々の利用のされ方がその

ものの保存ということで、他の地域からこれを使用しに来ることがありませんでした。そこでこの提案では、観光客を呼び込んで認知してもらうことも含めて、人を呼び込み使ってもらうことで発展させていけると考えています。

安居　僕は氷風穴を見たことがなかったので、先ほどYouTubeで動画を見たのですが、このままだと氷風穴だけが再生しても、観光客にとって魅力的な場所かというと少し難しそうだと思いました。それだけでなくて、もう少し村単位で観光客が来た時にどういうアトラクティブなものがあるのか、点で考えるのではなくて、面でエリアマネージメント的に考えて、その一つとして捉える方がいいと思います。

宮下　提案では茅葺は4年に一度外して乾かすという話でしたよね。茅葺は元来、葺くこと自体にかなりの労力が掛かってしまいますが、集落ではそれがむしろコミュニティをつくる互助の感覚を共有して皆が順番に協力しながら建てるといった感覚があったと思います。今回の提案では昔よりもその負荷が増えてしまっている感じがするんです。だから本当は今回の葺き替えシステムが現代的にも上手くいくのかとか、誰がそれを担うとか、そういったところの検討があるとより説得力があると思いました。

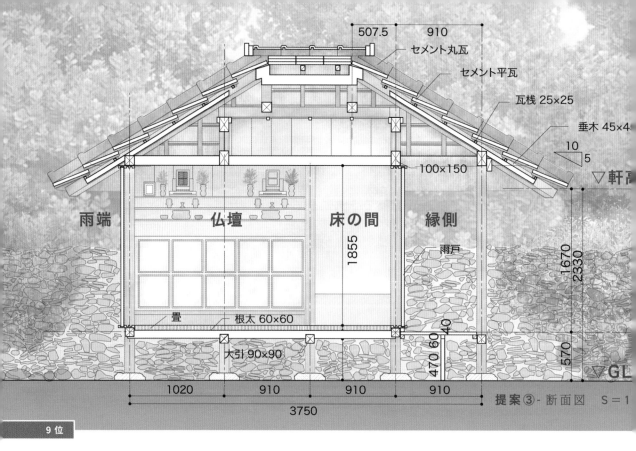

セメント丸瓦
セメント平瓦
瓦桟 25×25
垂木 45×4
10 / 5
100×150
▽軒高
雨端　　仏壇　　　床の間　　縁側
雨戸
1855
1670
2330
507.5　910
畳　　根太 60×60
大引 90×90
470 60 40
570
▽GL
提案③-断面図　S＝1
1020　　910　　910　　910
3750

9 位

結まわるをハコぶ
伊是名集落を対象として

KSGP
23021
赤石 健太 Kenta Akaishi
日本大学大学院 生産工学研究科 建築工学専攻

○「相互扶助の精神である、ユイマールでさまざまな人が交じり、伝統技術を継承しながら、集落の景観を後世へ遺していく」提案である。○敷地は、沖縄県の伊是名集落。現在まで引き継がれてきる赤瓦屋根の木造民家やサンゴ石垣、フクギといった古き良き琉球の景観が残るが、住民の手でコンクリート等での改修によって景観が失われつつあり、高齢化・過疎化で空き家が増加している。そのため、伝統技術やサンゴ築造といった暗黙知を継承し、現在の生活や行動と島民に寄り添う建築をつくることが必要である。○集落内で改修予定の一軒の琉球民家を実測して、3DCADモデルや詳細図面を作成し、構法と部材の組み方を理解した。○木の種類が変わるとかつての

雰囲気も変わってしまうため、空き家から得た廃材を使い、廃材の種類から集落内で運搬可能な、3種類 (S/M/L) の木造ユニットを作成して、地域に馴染む建築を設計する。手で運搬可能なSユニットは、農家の野菜や採った魚を入れるかごやゆんたくのための椅子など日常使いされる。垂木と瓦桟を用いて貫構造で作成する。二人で運搬可能なMユニットは、仏壇や改修の補助となる大きい家具使いされる。垂木と根太を用いて貫構造で作成する。トラックで運搬可能なLユニットは、改修の補助や住居よりも小さい規模の建物としての機能とトラックに乗せて使われる。部材は実際の民家と同じく、柱/梁/大引/根太/床束/礎石で構成される。基本ユニットに縁側や小屋組といった機能を敷地に合わせて付加する。Lに小屋組を追加し、石垣・フクギを空き地に挿入することで、かつてのヴァナキュラーな強風や強い日差しとの関わりあいが再生する。Mは約1畳分の大きさで、SはMに重ねて入る大きさで、S・M・Lはそれぞれ組み合わせて使うことを想定している。SとMは住民の手で、Lは職人と一緒に作成する。○ユニットと集落住民の温かさで集落の住民の交流だけでなく、観光客・大学生・移住民の交流も生まれ、住民と行政・職人・商店との

新しい関係も生まれる。○集落内での問題から3つ、自ら集落を歩き、住民の話を聞いた経験からさらに6つ、計9つの場所で提案する。特に前者の3つの問題と提案について説明する。①「こども図書館」島には学校図書館しかなく、デジタルに惹かれ、子どもの学力低下が問題である。Lを用いることで、子どもにとって秘密基地のような場所となる。また、Lが乗ったトラックを読み聞かせの場として活用し、集落内で昔話を聞きに、おじいおばあを巡っていく。周りより低い石垣にすることで石垣築造の暗黙知の継承の場にもなる。②「ショップ」問題として、増える移住民と空き地利用需要の増加である。特に移住民の島での仕事として、空き地にコンテナを置いて、ショップなどが商われている。そのコンテナをLユニットに置き換える提案をする。石垣をLのスケールで再分配することで空き地を有効活用する。③「敷地内に追加」民家は、簡単に安くモノが手に入るようになり、収納の需要が増加している。コンクリートやサッシによる容易な改修で耐久性が向上したが、木造の景観や環境との関わりも変わってしまった。Lを琉球の標準配置を反映させながら配置することで、設置・付加によって容易に改修でき、木造の景観を保全する。

対象敷地／沖縄県伊是名島伊是名集落　古き良き琉球の景観（フクギ・赤瓦・サンゴ石垣）が残る

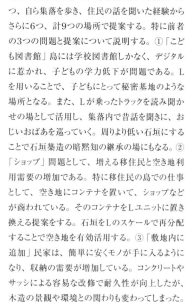

1 琉球の景観が失われつつある

Site
伊是名島
伊是名集落
沖縄本島
赤瓦／フクギ／石垣
空き家

伊是名集落は，住民によるコンクリート等での改修や高齢化・過疎化による空き家の増加で，今も残る古き良き琉球の景観が失われつつある。

2 実測調査で理解した構法と寸法

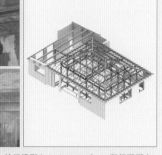

一軒の琉球民家を実測調査し，軸組模型や3DCADモデル，詳細図面を作成することで構法と部材同士の組まれ方を理解した。

3 空き家の増加とともに景観を取り戻す建築

1　2　3　4

空き家から廃材・石垣・赤瓦を回収し，得た廃材を住民・職人が協力して木造ユニットを作成。地域に馴染むユニットは集落内に広がってゆく。

4 「S・M・Lユニット」三種類の島モビリティ

S「手」で運べる

貫構造
垂木 45×45
瓦桟の半分 12.5×25
500
455　455
仕上げ材

農家の島民のかごや獲魚，ゆんたくのための椅子など日常使いされる。

M「二人」で運べる

貫構造
根太 60×60
垂木の半分 22.5×45
1100
1655　740
仕上げ材

沖縄文化の仏壇や改修の補助となる大きい家具として使用される。

L「車」で運べる

柱 105×105
梁 105×105
仕上げ材
礎石
2835
床束 105×105
伝統的床組
大引 90×90
1820
根太 60×60

改修の補助や住居より小さい規模の建物とトラックに乗せて使用。

5 ユニットが生む新たなユイマール

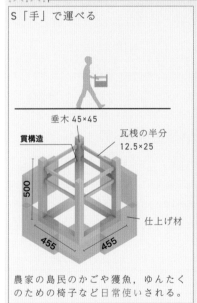

村役場
修理　助成金　空き地の整理　廃材
依頼・お金
大工・棟梁　ユニット／修理
モノ／¥　廃材
ユニット修理
依頼・お金　ユニット／¥
商店
モノ／¥

集落の（移）住民
モノ／地域活動　労働力
モノ／地域活動　労働力

観光客
モノ／体験
モノ／宿泊場所　地域活動　労働力
モノ／空き地　廃材　地域活動　労働力
大学生
新規移住民

地域と住民の新しい関係
人と人の新しい関係

「モノ＝魚や野菜など物々交換可能な物」

6 集落内の9つの場所で計画

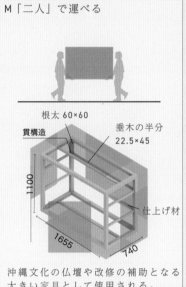

解体現場
⑤ ⑥ ③ ④ ② ⑦ ① ⑧ ⑨
N

NEXT >>> 集落の問題と住民との対話から提案する

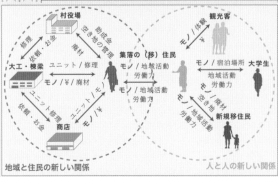

7 パース & モデルで見る9つの提案

① こども図書館 　子供の高さの石垣築造（暗黙知の継承）

<問題> 子供が満足に勉強できない状況

低い窓
M 本棚
L ギャラリー
低い縁側

こどもが安心して勉強できる図書館をつくり，子供の未来を支える

④ 出張診療所 　雨戸を開き様子を伺う（伝統構法）

L
受付の机
M

コロナで学んだ医療体制見直し。集落から遠い診療所勤務の住民が管理

② ショップ 　移住民や大学生による石垣の築造（暗黙知の継承）

<問題> 増える移住民と空き地利用需要
<提案> 石垣をLにあったスケールに再解釈

主屋
ひんぷん
石垣

小規模の伝統的な屋根
カウンター
M
L
M 受付

主婦さんのバーなど。貸し部屋として大学生や観光客に開く

⑤ 海沿いの神社 　神アサギの縮小版（伝統構法）

中柱構造
S

海の神様と関係がある，この地域ならではの神社

③ 敷地内に追加 　南東角が一番格式が高い（琉球配置）

<問題> 景観を壊す構法と収納の必要性

L
高齢住民のための段

新たな改修の提案。仏壇を主屋から外に移動したいS家で提案をする

⑥ 網の保管・交流所 　エイサー（文化継承）

M
S 網入れ

隣家の漁師Mさんの網とユニットで集い場をつくる。エイサー踊ろうか

質疑応答

宮下 SMLのユニットがあって、全てのユニットを基本的に住民が自分でつくるという理解でいいですか?

赤石 SとMは貫構造で簡単に組み合わせることができ、そのように想定していますが、Lは構法の継承も必要なので、技術者と一緒につくり上げます。

宮下 SMLの違いは、単純にSMは自分でつくれて、Lは大きく公共性が高いという意味ですかね。歴史的空間の再編という視点で、サイズを分けて考えた最大の理由は何でしょうか?

赤石 まず一つ目に結まわるが加速することに注目したので、Sは集落の住民や移住民、観光客同士で交換できるサイズを目指して、Sから設計し始めました。Mは、Sが2つ重なる大きさにして、2人で持って集落内を移動できるサイズに作成しました。さらに民家でのサイズを、実際に構法と重ね合わせながら屋根を掛けられるサイズで検討したところ、3畳分の大きさになることがわかったので、Lをこのサイズで作成しています。

宮下 サイズはつくる手法のようなところから来ているのか、それとも使い道から来ているのですか?

赤石 トラックに乗るサイズをLとしています。

宮下 トラックに乗らないといけない理由は何ですか?

赤石 島内でトラックが物の運搬に使われていて、日常的に馴染んでいるところが一番大きいポイントです。

魚谷 大きさを段階的にすることで実現性が高まってきて、そこはとてもいいと思いますが、実現できた先にはどういうことがありますか? 失われつつあるこの構法が、これから残っていくことにつながるかどうかは少し疑問です。

赤石 まず空き家が増えて景観が失われているのもそうですが、元々石垣とフクギと民家が一体となって地域の空間がつくられています。木が日差しを遮り、フクギや石垣が風を遮って室内に心地よい風が入ってくるという空間は、沖縄ならではの風景なので、木造をその敷地に追加することは、その風景と石垣やフクギも再建すること

⑦ 商店横物販　　集落に広がるハコ（景観保全）

石垣のような配置　M
ひんぷんのような受付
S

とれた野菜，魚，草花などの交換，売買の場。商店でつまみ買ってきて！

⑧ 移動トラック　　綺麗な海の清掃（文化保全）

片流れ5寸勾配屋根
縁側　　L

移動式ホテル。観光客が魅力を見つけ一泊。宿泊場所に価値が生まれる

⑨ 野菜直売所　　仕事終わりのゆんたく（文化継承）

五寸勾配屋根
M 天板とシンク
S 野菜入れ

Sさんの野菜が売ってる。畑仕事終わりは椅子に座り，お酒片手に雑談

---

⑧ 模型で見る9つの提案

① こども図書館

今日の読み聞かせは何かな？

② ショップ

今日もあの人は昼から飲んでるよ！

③ 敷地内に追加

今日も元気そうだね！

④ 出張診療所

馴染みの場で療養

⑤ 海沿いの神社

漁の前にウートートー

⑥ 網の保管・交流所

大切な舟を背に盛り上がる

⑦ 商店横物販

今日は何があるかな？

⑧ 移動トラック

海を見ながら一服

⑨ 野菜直売所

今日はでーじ採れたね！

につながるので、地域ならではの風景の感じ方が良くなると考えました。

魚谷　大きなコンクリートに取って代わられている風景は諦めて、小さな風景はどうにかして残していきたいという理解でいいですか？

赤石　はい。

中川　小さい建築をまちの中に配っていくという、ある種の対症療法的にやっていくと、そのキーパーソンがいるうちは上手くできると思いますが、その人がいなくなると行われなくなってしまうかもしれません。この方式が続いていくために考えたことがあれば聞かせてください。

赤石　本提案では、この島の集落の代表が棟梁と呼ばれていて、その棟梁と一緒に再編していくことをテーマにまず置いています。移住民の方が近年増えていて、青年会などの活動も活発なので、その子どもたちや青年会を巻き込み、OBの方を巻き込むなど世代を越えて交流できることを考えています。人との関わりをこの建物に混ぜ込むことで、それが続いていくと考えています。

松田　そうした棟梁をできる人がいなくなったらどうするのかということは考えているのでしょうか？

赤石　棟梁の方が島の建設会社を運営していて、共同することを想定しています。

松田　だからやはりキーパーソンに属人的に依存している気がします。仮に人が変わったとしても、そこにサイクル的なものがあれば持続する感じがあるのですが、移住民が増えているから大丈夫という説明だけだとまだ持続の可能性がよくわからないです。

安居　琉球の伝統建築を継承するという要素がありますが、逆にこの仕組みだと継承されにくいところが感じられると思います。この提案だと継承されにくいと誤認識されているところは、どういうところだと思いますか？

赤石　予算が掛かってしまう点です。教育委員会や町役場の方と話をする機会があるのですが、補助金やそれに関する条例が関わってくるのではないかというのが一番大きいです。また、住民の関心を得られるかも大きな課題だと思っています。

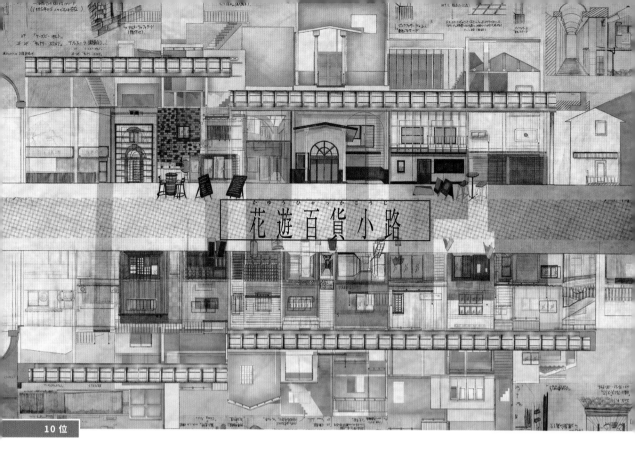

花遊百貨小路

花遊百貨小路

KSGP 23004 大竹 平 Taira Otake
京都大学大学院 工学研究科 建築工学専攻

「まるで玩具箱のような愛すべき小路。」

大正を代表する作家・織田作之助が綴ったその場所は、京都で一番小さな商店街・花遊小路商店街。京都有数の大通りである四条通と新京極通を結ぶ小さな路地に、ボタン屋やパイプタバコ屋などのニッチな商店が建ち並び、賑やかな抜け小路として人々に愛されてきた。しかし現在、その賑やかさや煌めきは過去の栄光であることがわかる。

本提案は、対岸に位置する2023年秋開業の京都高島屋別館（専門店棟）の予定される商業面積分を花遊小路に付与することで、ニッチな商業の為の新しい商業空間を設計し、もう一度玩具箱のような煌めきを取り戻す計画である。

対象敷地／花遊小路商店街。「花遊」という雅な名前の通り、舞妓さんの着物店が並んでいた事が起源。

スケッチと対話調査を通して、この商店街が連綿と続く継ぎ接ぎによって形成されている空間であることが分かった。段々と織り成す様々な年代の継ぎ接ぎ上の【階状アーケード】は、高低と明暗のグラデーションを奏で、路地の「密やか」な歩行体験を演出し、大正時代から現存する母屋にテナント更新の度に何重もファサードを上貼りする【"多重"看板建築】は、様々な年代・素材・様式が多重し、「華やか」な町並みを形成する。「密やか」な歩行体験に「華やか」な町並みが所狭しに収斂されることで「玩具箱のような空間性」が描かれる。

そのコンテクストを引き継ぎ、「切断」と「編集」という設計手法をとる。風景写真をコラージュするように、歴史と玩具箱のような雰囲気が残る商店街を「切断」し、百貨店の動線機能を織り交ぜて組み直す「編集」をすることで、歴史と雰囲気を残しながら新たな空間を再編する。

百貨店のテナントは商店街の断片に設えることで玩具箱のような雰囲気の延長に新たに商いの空間を描く。

【階状アーケード】は、一部分を切断し、持ち上げ、生まれた余白に段々と陸橋を挿入する。

切断して高さがついたアーケードから落ちる日光と、段々の陸橋が落とす影がアーケード下の高低と明暗のグラデーションをより際立たせ、地上階の「密やか」な歩行体験を更に強調させつつ、アーケードの上空は、陸橋によって回遊性の高いフロアが構成される。

【"多重"看板建築】は、ファサード材と母屋を切断し、多孔状に断片を再配置する。持ち上げた躯体に化粧品売り場が巻き付き、渡り廊下がショーウィンドウになり、切断された母屋断片に新テナントが新しいファサードを設えるなど、立体的に百貨店のテナントが入り込む。切断によって、束ねられていたこれまでのファサードが展開し、入り込む百貨店のテナントの新ファサードが混ざりあい、より「華やかさ」が強調される。

地上の「密やかさ」が強調され、上空に「華やかさ」が協調する。薄暗い路地が縦横無尽に張り巡り、小さく煌めく店舗が所狭しに建ち並ぶ。それは、まるで玩具箱のよう。商店街を切断し百貨店へと編集する。まちの雰囲気を系譜し愛着を熟成してゆく古くて新しい商いの場の提案。

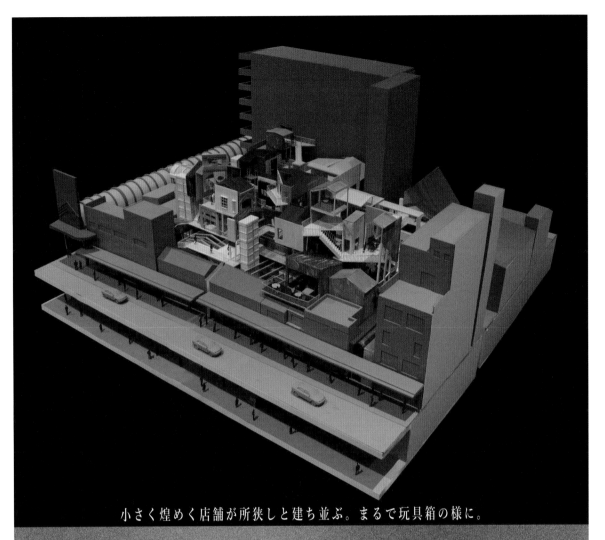

小さく煌めく店舗が所狭しと建ち並ぶ。まるで玩具箱の様に。

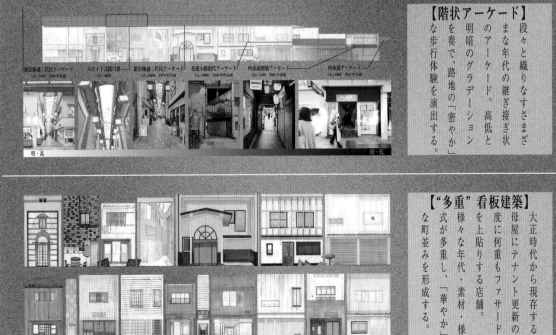

新京極通二代目アーケード　GL+7650 1998年完成　スライド式開口部　GL+8050　新京極通二代目アーケード　GL+8000 1999年完成　花遊小路初代アーケード　GL+3000 1960年代完成　四条通増築アーケード　GL+2000 2002年改築　四条通アーケード　GL+2600 1963年完成

明・高　　暗・低

【階状アーケード】

段々と織りなすさまざまな年代の継ぎ接ぎ状のアーケード。高低と明暗のグラデーションを奏で、路地の「密やか」な歩行体験を演出する。

【"多重"看板建築】

大正時代から現存する母屋にテナント更新の度に何重もファサードを上貼りする店舗。様々な年代・素材・様式が多重し、「華やか」な町並みを形成する。

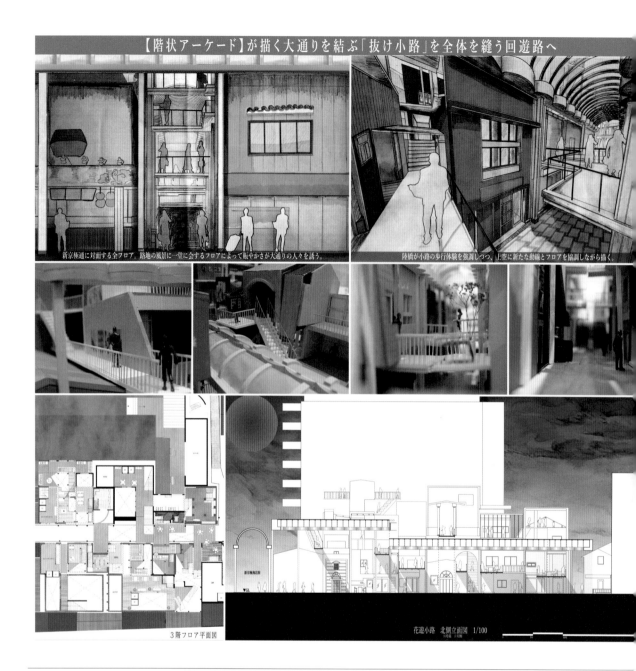

新京極通に対面する全フロア。路地の風景に一堂に会するフロアによって賑やかさが大通りの人々を誘う。

陸橋が小路の歩行体験を強調しつつ、上空に新たな動線とフロアを協調しながら描く。

3階フロア平面図

花遊小路　北側立面図　1/100

質疑
応答

魚谷　路地の奥の小さな商店街がゴチャっとしているのが立体化していて、表のアーケードの上を超えて四条通が見えるのがとてもいいと思います。これは高島屋に新しくできるものへの対抗案ですよね？

大竹　高島屋に企画されていた商業面積分をこちらに付与して、トップダウン的な商業空間ではなく、路地というヒューマンスケールな空間で積み上げていく、ボトムアップ式のマスな商業空間の提案です。

魚谷　なぜその方がいいのですか？

大竹　トップダウン的な空間だと、自然発生的な人々の振る舞いや空間の早さが現れにくく、

そういうものが積み重なっていくことこそが、内実を伴った歴史の積み重なりだと思っています。ヒューマンスケールのもので積み上げていくことで、建築家ではなく、人々がまちに関わってファサードを設えたり、増築したり、そういう小さなスケールのものを誘発できる土壌ができると考えています。

塚本　アーケードをいろいろ分析していますが、変わらないことがあると思います。それは地面を歩くことと店がそれに面しているという関係性で、どこのアーケードに行ってもそれは不変です。屋根が長かろうと短かろうと、高かろうと低かろうと。だけど、その不変性を無視しているように見えて、上に伸ばしていくのはその価値を少し毀

損していませんか？

大竹　アーケード下の風景はなるべく残すように操作していて、1店舗入るという空間体験は基本的に残しています。1店舗入ることで、次の上層への空間へどんどん渦巻くように上っていくという空間体験になっているので、路面上の空間体験は残しながら、そこからきっかけを持って上へ上へと続いていくという感じです。

塚本　上の通路がつながっているプランがあるかよくわからなかったけれど、逆につながない方がいいと思います。路面店であることを保存するのであれば、1階から上がって必ず店に入るのは1階であり、上に行ったら横には行けない。だから今まで通りのアーケードと変わりませんという言

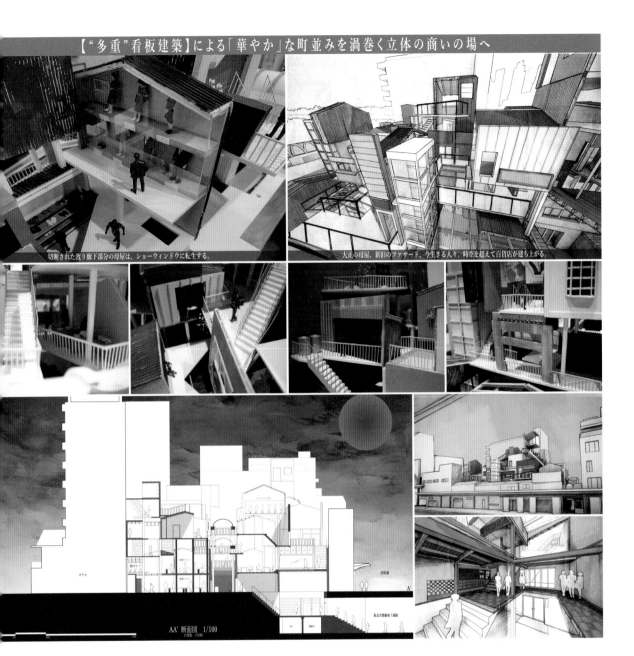

切断された渡り廊下部分の母屋は、ショーウィンドウに転生する。

大正の母屋、新旧のファサード、今生きる人々。時空を超えて百貨店が建ち上がる。

AA'断面図 1/100

い方もあると思います。

大竹 どちらかというと、路地空間としていかに商業としての発展を目指せるかを考えています。上へ上へと行く時に、縦にも横にもぐるぐる回れるようにすることで、路地に住み着くようなニッチな商店街が入り込める余地をなるべく多く残しておきたいと考えています。

塚本 立体的な路地にしているけれど、上のお店は本当に入らないんですよ。家賃も1階が20万円なら2階は10万円、次は5万円とどんどん落ちていきます。それが建築学科では教えてくれない商業的な施設の真実です。

大竹 上層に行けば行くほどアクセスが悪いというデメリットはありますが、上層に持っていく

ことで、本来この路地から見えなかった祇園祭といった風景など、視覚的なまちとのつながりという付加価値はあると思います。

安居 建物の構造自体の再編集はしていますが、前の商店街が廃れてしまったので、建物の中の機能と地域の人との関わりの再編集も必要だと思います。特に1階は、どのようなお店や人を想定していますか?

大竹 店舗の方は、切断することになるとニッチなものを売るという話がありましたが、基本的にそういうものを売ることを想定しています。つながりの方では、上層階に連なった陸橋が新京極商店側から路地に対して面しています。新京極商店街は京都で一番賑やかな商店街で、それに

対して路地のさまざまなレベルの賑わいを一つのビジョンに凝縮することで、新京極商店街に負けない賑わいがここにもあることを示してはいます。

松田 上にどんどん継ぎ足したというよりも、上層階を新たな路地にしようとしたわけですね。つまり上層階も1階に見立てようとしているという捉え方もできるわけですか?

大竹 1階のグラウンドレベルにある路地性や雰囲気を強調しながら、上層階にもう一つ別の路地をつくることで全体として立体路地をつくっています。

ファイナルプレゼンテーション
ディスカッション

[日時] 2023年11月19日（日）13：00〜18：00

二次審査を通過した10作品によるプレゼンテーションと質疑応答が終わり、ついに迎えたグランプリを決める最後のディスカッション。まずはここまでの評価で審査員投票が実施され、その結果をもとに議論し、それぞれの提案をより深く掘り下げていく。そして10位から各順位が決定されていき、どの作品が歴コン2023のグランプリの栄冠に輝くのか!?

歴史的空間の捉え方が広がった

林野 まずはプレゼンを聞いての最初の印象を伺いたいと思います。

魚谷 歴史的空間が今も残っているけれど、あまり良くない状況のものを対象にしている作品がほとんどだったと思います。その時に、昔に戻るとか取り戻すだけではなくて、新しい未来をきちんと提案して欲しくて、それができている提案が10選に残っていると思います。いろいろな提案があったけれど、やりたかったことが本当に実現できるかどうか、それによって出来上がった都市空間や建築空間が新しくて発見的、あるいは発明的で、建築や都市の風景が新しく、汎用性があるかどうかという視点で見ると、どれを選ぶか悩ましいです。

中川 それぞれ違う歴史を扱っていますが、なぜその歴史を今扱う必要があるのか、それは本当に未来につながっていて、これまで知らなかった価値を過去の歴史と接続しながら提案できているかという点に期待しています。これからそういう議論ができるといいですね。

安居 日本に住んでいても知らない場所ばかりで、いろいろな刺激をいただいたというのが率直な感想です。この後に点数を付けなければいけませんが、とても難しいと思っています。模型やプレゼンの素晴らしさはもちろんありますが、それぞれの地元の方々がどう思っているか、実際にその土地に行って見たり聞いたり歩き回って、感じる要素がとても大切だと思います。

松田 今年もとても面白くて、バリエーションが豊富でした。国外の話や都心のプロジェクト、農村や水没して今は見えない村のプロジェクトもありました。それから土木スケールの話ですね。建築だけであれば一つの土俵に並べることができるかもしれませんが、いろい

ろな分野のものを同時に評価しないといけないのはなかなか難しいと私も感じています。記念講演での「循環」の話が、おそらくこれからの審査と絡んでくると思っています。

宮下　これまでよりも歴史的空間の捉え方が広がって、私自身楽しい気分で聞かせてもらいました。この後の議論でそれを皆さんが上手く、言語化して表現してくれることを審査員の皆さんは期待しています。審査員が納得できる一言を言ってもらうと一気に順位が上がることが十分あり得るので、頑張って質疑応答してもらえればと思います。その中でも私が気になっているのは田端で、広がりがどれくらいあるのかという想像力も含めて面白いと思っています。それからダムは今までにないパターンだったので、興味を持って聞いていました。

塚本　歴史的空間の題材はいろいろあって、たとえばものづくりや地域の資源を利用した生業など、そういうものが繰り返される中で卓越してくると、それが建築やまちの形になって定着していくわけですね。しかしそれが廃れていくとか、あるいは近代になって強引に新しい技術でつくられたものも、60年、70年経った後に歴史的になっていくものがあり、さまざまです。今回見ていて気になるのが、それらをモチーフ的に使っている提案が多くて、その中の物事のつながりや連関に踏み込んで本当に理解しようとしているのか疑問に思うような提案が結構あって、少し不安に思っています。この後の議論ではそこを厳しく伺っていきたいと思います。

林野　ありがとうございます。この後の議論に重要なキーワードがいくつか出てきたと思います。では投票結果を見て議論を始めたいと思います。点数を見ると20点台と10点台に大きく分かれています。10点台で一番高いのが18点、20点台で一番低いのが20点と2点の差ですが、分けて議論してもよろしいですか？

塚本　上位の作品でどうしても受け入れられないものを表明しないと、下から決めていくとこの状態のまま決まってしまいます。最初の取っかかりでモチーフだけを見つけて、なぜそれがそこにあったのか、それによってどういうことが起こるのかがなく、ひたすらそのモチーフを利用するだけという提案が見受けられました。私はそれを良くないと思っていて、具体的には塩田とウママチです。ウママチはもう少し楽しくやってくれると思っていたのですが、よくよく見るとプレゼンが良くないですね。丸囲みの中にパースを入れてぐるぐる回すことに何の意味があるのでしょうか。実際にどのようなものがつくられて、元々あった建物は馬が入ることでどう変わったのか、それをきちんと伝えない限りは、説得力を持たないと思います。誤魔化しで言っているように見えてしまうのが非常にもったいないです。

魚谷　そういう意味では氷風穴はどうですか？

塚本　氷風穴は素朴で嘘はないと思います。今は嘘でもいいから騙されたいという時代ではありません。バブルの頃はそういう時代でしたが、このコンペのいいところは、各地域の歴史的空間が卓越していたかを考えることで、人間の意思に還元できないものとのやりとりや、個人では成し得ないところへの集合的な到達を、知ることができることです。人間以外のものも関わっているという理解のもと、建築や都市空間を見ていくのがこのコンペです。

清澄は何をやりたいのかがよくわからなくて、悩ましいところです。その建物を歴史的空間として再編するにしては、形式的な介入が目立ちすぎて、そこで蓄積されたものとの対応関係が見えません。バンコクの駅は、

▶ 審査員投票結果

出展ID	出展者	作品名	略称	得票数
KSGP23004	大竹 平（京都大学大学院）	花遊百貨小路	京都	13
KSGP23021	赤石健太（日本大学大学院）	結まわるをハコぶ	伊是名	11
KSGP23045	西本敦哉（京都市立芸術大学大学院）	地中を舞う種に習いうたをつなぐ	塩田	18
KSGP23051	馬場琉斗（工学院大学大学院）	東京浸透水域	田端	26
KSGP23098	東條巧巳（工学院大学大学院）	記憶蘇生、水都バンコク復活	バンコク	20
KSGP23114	谷 卓思（広島大学）	燐火ゆらめく 村のおもかげ	ダム	22
KSGP23115	半田洋久（芝浦工業大学）	清澄アーカイブス	清澄	22
KSGP23145	平尾綱基（大阪工業大学大学院）	ウママチ	ウママチ	16
KSGP23158	佐藤天哉（愛知工業大学）	折節の氷風穴	氷風穴	15
KSGP23170	松本真哉（法政大学大学院）	併遷の行方	乃木会館	17

ミラノのターミナル駅を設計したイタリアの建築家が20世紀初頭につくったものですよね。それがあの使い方で本当にいいのか疑問です。鉄道の駅だったことと関連性がないものが入ってきていることに疑問を感じます。パイプなどモチーフはいろいろあるけれど、プラントとして機能しているように見えません。塩田も窯があるけれど、煙突や窯は塩田をやっていく設えとして上手くいくように思えない。もっと広々とした場がないとできないはずです。だからプロジェクトにとって一番大事な何かに向き合っていない感じがします。

松田　毎年同じやり方だけで順位を決めるのは、確かにどうかと思うところもあります。下から決めていくと、上の方が残っていき少ない議論で決まってしまうという側面は確かにあるので、塚本先生のおっしゃることはよくわかります。もう少し先生方のコメントタイムがあっても良いと思います。

林野　もちろんです。決め方も含めて議論していきたいと思います。

審査員のボヤキタイム

松田　点数で言うと、15から18点に4作品固まっていて、その上に20点以上があって、3グループに分かれると思います。

中川　20点台の4作品を1グループとした場合、その4作品に異議申し立てがある人のボヤキタイムを設ければいいのではないでしょうか?

林野　ボヤキタイムを取りましょうか。

中川　私はダムのお二人が衣装も含めてユニットみたいで、プレゼンの時にシートをめくってくれるホスピタリティーもすごいです。ただ少し気になるのは、光で照らしてどうなるのかというのが拭い去れないことです。インスタレーションなのか、考えれば考えるほど何だろうと思ってしまいます。42年間、村の方々は反対していたけれど沈んでしまって、この令和の時代に皆さんの村を照らしますと言われても困る気がします。沈んで現存していないところをあえて照らして、ヘドロは分解されるけれどその先に何があるのか、次の時代にどうつながるのかがわかりにくく、点数が辛くなったというボヤキをしておきます。

宮下　私はむしろいろいろなところに期待して付けた点数です。歴史的なところを聞けていないので、歴史的空間を再編した結果、水が綺麗になり、村の姿が顕在化されて、それが何になるのかを聞きたいです。歴史的空間再編という観点においていい答えが返ってくることを期待して評価しています。ボヤキタイムで出た意見に対して、学生の皆さんがそれを確信付けられるかどうかが鍵ですね。「嘘っぽい」と言われたものに対して、「いや嘘ではない」と言えるのか楽しみです。特に上位の4作品の皆さんから一言ずつ答えてもらうのはどうでしょうか?

林野　わかりました。審査員長の魚谷先生、いかがでしょうか?

魚谷　このコンペでは再編ということも重要だと思っています。僕は塩田とウママチは再編を試みていると思いますが、それが上手くできていないから嘘っぽいのではないでしょうか。氷風穴は再編をチャレンジしているかというと少し疑問です。それから、僕の思い込みかもしれませんが、バンコクはただの浄水場ではなくて、人が集まる場所でもありますよね。線路との関係性で言えば、線路跡を使って運河の水を引っ張ってくると考えると、線路と駅と運河という人が集まる場所は親和性と

して悪くないと思います。それから清澄は、歴史的建築だけれど、文化的価値はないと思います。おそらく京都の路上の長屋みたいな感じで、そういうものにどう歴史的リスペクトを持って再編していくのか、とても難しいのですが、空間を設けることでチャレンジできていたと思います。田端は今一番点数が高いのですが、僕は4点で、少し疑問に思うのはどこに歴史的空間を見出したのかです。崖は完全にやり変えているし、崖と線路の関係性に見出したのか、線路なのかわからないのですが、できれば既存の崖を上手く生かしながら再編して欲しかった。そういう意味で再編をもう少し評価軸に入れてみようと思いました。

宮下　バンコクは、今まで人と物流の終着駅だったものがバンコクにとって非常に重要な水の終着点、もしくは循環の起点に変わるということを再編のターゲットにしているんですよね。そこを新しく切り替わる結節点として何かつくろうとしている辺りを評価して4点を付けています。氷風穴は、魚谷先生と似たような感覚で、それ自体をどう変えたのかがもう一つ明確になっていない。確かにリンゴ酢をつくる場所にはなっているけれど、それがまちの昔ながらのコミュニティーを変えているとか、何か新しいものの動きにつながっていくとかといった姿がもう一つ感じ取れないのが残念です。氷風穴を題材にした点はとても面白いのですが、そこに何か大きなチャレンジがあるのか疑問です。その辺をどう評価するのかは最終的に判断として非常に重要なポイントだと思います。

中川　私は清澄に4点入れていますが、最初は旧東京市から与えられてそこに住んでいたわけですよね。だけど、それが住民に払い下げられて、住民たちは自由に、地層的にスケルトンインフィルと解釈してどんどんインフィルをやり変えたわけです。つまり、自分で空間を獲得できていた。それを改めて改修していく時に、どういう改修の立場を取ろうとしているのかがわかりません。住民たちが改修することに否定的な感じに聞こえたけれど、本当に否定的なのか。それともそれを引き継ぐことを考えているのか、教えて欲しいです。

安居　全体に対しての個人的なボヤキですが、とても困っているところがあります。たとえば点数で上位のものがグランプリを取って、明日それがニュースになって現地の方々が知った時に、今日このコンペには現地の人がいないので、見方によっては勝手に選んでいるわけです。それを知った時に、とても嫌な思いをする人や敵対的な見方をする人がいると思

います。そういう視点で見ると、SDGsやインクルーシブな誰一人取り残さない社会が進められている中で、何か正義感を押し付けるような判断をしていると思います。

塚本 当事者性がなく勝手にやっていいのかというのがありますね。

安居 都市部で知らない間にコンペが開かれて決められたことが、地方に押しつけられると見えなくもない。それをきちんと考えて結果が出るのか、考えずに結果が出るのか、明日以降のことを考えるのも重要だと思います。

松田 今後の歴コンのあり方としてとても重要な提言だと思います。ボヤキというかコメントですが、気になったのはバンコクです。この駅舎はマリオ・タマーニョというイタリア人建築家が107年前に建てて、おそらくタイで一番古い駅舎で歴史的にとても重要です。その駅舎のプラットホームの部分だけを取り扱っていて、フランクフルト中央駅をモデルにしてつくられた正面性、歴史的建築物の様式部分について一切触れられていなかったのはとても気になりました。本来の歴史的な部分に対してなぜ何も反応しないのか、ストーリーのつくり方が気になりました。一言でも言及があれば良かったのですが。ウママチは「これが一体何になるのか」という質問に、「最後にこう変化していく」という答えしかなかったのが気になっています。馬と一緒に暮らすことでどう生活が良くなるとか、こういう効果があると言って欲しかった。それから塩田は、全体的なストーリーはとても上手いと思ったのですが、ストーリーの構築に全体が費やされていて、建築そのものがあまり議論に上がっていません。8つもつくっているのに、それぞれの建築はどうなのか説明が少ないことが気になりました。細い柱で建築的に支えられるのかどうか、実際にどのようなつくり方をするかなど、プレゼンを見てもほとんど描いてありませんでした。

林野 ありがとうございました。今のボヤキタイムを経まして、塚本先生から「モチーフにすぎず、歴コンの評価に値しない」という強めの異議申し立てもありました。それが審査員の皆さんと共有できるのかどうか、もう少しだけ時間を取って話し合いたいと思います。

塚本 塩田は建物と建物の間にもやたら柱が建っていましたね。そして、「塩をつくりたいわけではない」と言っているからモチーフなんですよ。風で塩水の濃度を高めていくと書いてあるけれど、その塩を受け止める仕組みは考えていません。塩田で塩をつくる不変の行程に対する敬意がないです。ものづくりには順番を変えられないところがあって、昔の人が発見したものの摂理に従って、それを繰り返して洗練されてきたわけです。機械を導入して効率を上げることはあっても、順番はほとんど変わらないのです。だから京都の提案で、アーケードは歩いている人が店に接しているのが不変の価値で、それは変わりません。そこを立体化していく時に、アーケードを成り立たせていた価値に対して、全く違うものを入れ込んでいくので、本当にできるのかという疑問があります。不変なものを見出していくところに歴史的な発想を得つつ、将来に向けて提案をしていく鍵があると思います。

10位〜9位 　従来の建築の否定や改変ではなく共存を目指す

林野 塚本先生の異議申し立ては皆さん、理解されたと思いますが、とは言え順位を決めないといけないので、ボリュームゾーンで分けて議論したいと思います。一番下に13点と11点があり、次に15から18点のボリュームゾーンがあります。最後に20点台が4作品あるので、3つのゾーンごとに議論していきます。その中で上に上げるべき作品、下に下げるべ

き作品があれば個別に議論して入れ替えたいと思います。まずは京都と伊是名です。伊是名は持続性があるのかという疑問や、サイズ感といった話がありました。

塚本　沖縄の家のつくりは儀礼や祭礼と結びついているけれど、そういったものとの関係が説明されていなかったので聞きたいです。それから、ヒンプンや雨端といった独特な建築の要素や、表と裏の関係をどう考えて提案していますか？

赤石　儀礼に関しては、海沿いの神社の中柱構造をこのスケール上で反映しています。それと工法に関しては、毎年茅葺きを変えていて、それを簡易的にできる場所としてSユニットを用いることで対応しています。

塚本　沖縄は笹葺きが主だけれど、ここはススキですか？

赤石　茅葺きだと思います。敷地内に追加という部分で標準的な琉球民家の配置を取っているのは理由があります。ヒンプンを通って中に入った時に広く空いたスペースをつくることで、ここに入って踊る空間を保つことに対して、コンクリートで追加して圧迫している現状があって、それが簡易的に入口だけで終わってしまっているのが問題だと思うので、標準的回復を行うことも儀礼に対応していると言えると思います。

塚本　ここはヒンプンがあるけれど、もう少し空いていないと踊りにくいと思います。

赤石　儀礼に関しては、民家の周りを回っていくように、ここは診療所として設計しています。

塚本　ここには来ないの？　来るのはどれ？

赤石　こども図書館です。

塚本　その時に音楽隊が必要だけれど、その人たちは入るかな？

赤石　入ると思います。

塚本　「こうすればできる」という設計だといいけれど、「できます」ではダメです。それをまずダウンサイジングをする時のチャレンジに据えないと、設計に力が湧いてこないと思います。

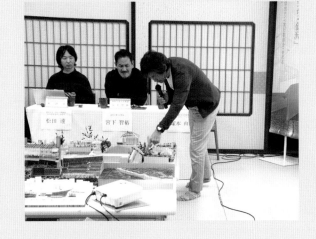

安居　塚本先生の視点から見た時に、琉球建築として重要な役割と文化風土を持ち合わせていたはずなのに、モジュール化された時に儀式以外で失われてしまうのではないかというところは他にございますか？

塚本　小さくなって分散したから、表と裏はなくなっているよね。表は神棚や仏間があるところで、お客さんを呼ぶところです。雨端の軒先の空間に柱が落ちていて、たとえば2700mm、1.5間のピッチで柱が落ちていたのに、お客さんが入るところだけは2間飛ばしていたりする。お客さんが座って外を見た時に柱が邪魔にならないように梁せいが大きくなっていて、せいの低い梁との噛み合いの階層性もよく考えてあります。

安居　全部これで引き継いでいくのは難しいと思うので、その辺りをフラットに、塚本さんの意見を受けて本当に継ぐ気でこれを組まれたのか。それとも現地でリサーチする中で、そういった儀式が沖縄の中でも変わってきていて、その機能は縮小されてこういう形になったのでしょうか？

赤石　表座、裏座と言われるところは家屋で見られる場所となっていて、基本的に表座はお客様をもてなしたり、ご飯を食べたりするところで、裏座は寝たり、物置になっていたりする場所です。ユニットでつくったものは公共的なもので、そういうところに裏はあまりいらないと捉えました。こども図書館は、子どもは繊細なのでMユニットを高めにつくって、表と裏という風につくっています。

塚本　だから伊是名のような集落に、学校の什器計画みたいなのが入ったミスマッチ感

があるんですよね。

安居 個人的に感じたのは、従来の伊是名の建築を否定するとか、全く新しく改変するという形ではなく、おそらく共存を目指していると思います。漆職人の友人がいまして、彼のアプローチは漆塗りのギターをつくるとどういう音が鳴るのか、漆塗りのサーフボードはどう乗ってもらえるのかというものです。伝統的なものと新しいものを組み合わせることで、どう一般の人たちに漆を身近に、多様な形で接してもらえるかを探っています。そのように逆の方面から見た時に、図書館やあのモジュール化されたもので親しみを持ってもらい、それをきっかけとして、本来この地域が持つ本物の伝統建築や儀式に関心を持ってもらえる可能性を感じています。

林野 京都にも聞きたいと思います。路地の持つ力に対するリスペクトがあるのかという疑問がありました。

大竹 模型を横に割って見ると、地上階のアーケードに対して見ている既存の店舗が、通っている人と店舗のファサード、あるいは外観との関係として丁寧に残しているところはあります。このポーラス上に展開する操作は、アーケードのグラウンドレベルにおける風景を残しながら、一歩入ると斜めのスラブから見え隠れする上層の各断片が見えて、少しずつ上へ吸い込まれていく空間になっていて、路地の空間体験を大事に残しています。

松田 この提案は少し誤解されていると思います。模型をパッと見た印象として、カラフルな色と形態があってそちらに目が行ってしまうんですよね。最近の卒業設計では、似たような傾向の作品が多くあるのですが、これはそういった作品とは違って、模型を内側から見た時に、路地の連続性をどんどん上層につないでいく感じがしました。その辺りの面白さをもっと上手く伝えられれば良いのではという印象を持っています。

林野 この2作品に5点を入れたのは安居先生だけです。安居先生に異論がなければ9位と10位を決めたいと思います。

安居 僕の主張と意見は十分伝えさせていただいたので、これでOKです。

林野 では挙手で決めたいと思います。京都が9位と思う方、伊是名が9位と思う方。挙手の結果、順位が逆転しました。伊是名が9位、京都が10位で確定です。おめでとうございます。

魚谷 順位に異論はないのですが、京都に対してフォローさせてください。一般的には下の方が商売的に有利で、上に行くと不利だと思いますが、プランニングによっては5階の方が近くて、2階の方が遠いといったこともできます。そうすると2階に隠れ家的なスペースをつくれるという可能性もあって、僕が一番評価したいところです。裏側から路地が立体化して表の格子状街路に出てくるのが、都市の街区構造の再編として面白いと思いました。

松田 京都の作品は、商店街を単に再生しようとしているわけではなくて、百貨店という別のビルディングタイプと接続させ融合しようという、かなり大胆な試みを行っています。つまりは商店街でも百貨店でもない新しい都市空間を構築しようとしていたわけで、あくまでその要素として新しく翻案されたアーケードや看板建築が用いられようとしていたわけです。いわばコンテクストそのものも一度切断しながら編集しているわけで、さらにそのような操作を可能とする根拠として、最初に手垢がついたまちの様子を「手沢」という言葉で説明するところから始まっています。この作品はこのような丁寧なまちのリサーチから始まる新たなビルディングタイプの創出であって、従来のビルディングタイプ内の議論におさまらないところがあります。複数の補助線が貼られて

いるプロジェクトであり、だから議論に上がらなかったところにも多様に読み解けるところが
あって、もう少し時間を掛けて審査すればさらに良さが見えてきたはずだと思います。

大竹 路地をなぜ高層化するのかとありましたが、京都は高さ制限があるため、4階や5
階などに意外とテナントが入って、人が行かなければいけないところがあります。高さ制限
に抗うのは無理なので、そうであれば4階、5階にテナントが入りやすい、人が行かなけれ
ばいけないという状況をむしろプラスに考えて、上層につくるのがいいと思っています。

8位〜4位	歴史的空間として何を勝ち得ているのか

林野 では中盤に入ります。15点から18点まで4作品あります。

塚本 バンコクは5点票が入っていないので含めていいと思います。

林野 では5作品に対してもう少し議論を深めていきたいと思います。

宮下 乃木会館はファサードの様式的なものの解釈を含めての解答に弱さがあるという
話が出ていましたが、私の中でその言葉が残っています。一方でやろうとしていることは何
となくわかるし興味があるので、この計画によって歴史的空間として何を勝ち得ているの
か、改めてステートメントしてもらえると評価が変わる可能性が高いです。

松本 この提案で一番やりたかったのは、古い建築をどう残していくかです。今後を考え
ると、新しい建築と「どちらが偉い」みたいな関係性では良くないと思っています。特に東
京では腰巻きビル的な開発など、新しいビルを建てるための理由としてファサードが使わ
れていて、そういう残し方に対してどう考えるべきかをずっと考えていました。

宮下 連続性は何となくわかるのですが、新しくつくった建物で様式的なことも含めて「自
分はこう考えてこうしている」というのを説明して欲しいです。たとえば屋根は少し特殊な形
ですけど。

松本 屋上のデッキを開く時に乃木神社があって乃木会館があって、こういう屋根の大
きい建物はこの辺にあまりありません。スカイラインがこのぐらいのレベルから見えたら、こ
こに入り込んだ時に六本木の緑豊かな場所が見えて、この流れが見えるというシーンを考

えて、屋根の傾斜と勾配を少し合わせながらつくっていきました。

宮下 建物にどういう空間性を持たせたいかということからシンプルに形状を決めているという考え方ですね。

塚本 そこは外苑東通りから赤坂に降りていくところの角だよね。そうすると外苑東通りよりも低くなってしまうの?

松本 そうですね。ただ、元々これぐらいで全く視界が抜けないという状態です。

塚本 パラッツォ型の建築は東京にあまりなくて、乃木会館と村野藤吾の森五ビルなど本当に少ないです。モダニズムの時代に、イタリアのパラッツォを都市型建築の一つの模範にして東京でも展開しようとするものですが、そう考えると、大江宏がすでに歴史的空間再編をやっていたということです。それを評価し、私が引き継ぐんだと言って欲しいですね。

松本 乃木神社も大江宏先生と大江新太郎さんの設計がここまで拡張されているという歴史的文脈があります。この時代に混在併存という、いろいろな様式を使って新しい様式をつくっていて、それを今の考え方にも適応させられると思い、建継型の保存拡張を構築しました。

魚谷 乃木会館は5点票が2つ入っているので上に上げてもいいと思います。ただ個人的には、ファサードの操作をボリュームで空間として扱うのはいいけれど、横がそれこそモチーフを持ってきただけという気がします。横に悪いものが建っていて、それを取り壊して新しくつくるものとして、今よりは良くなるというものより、今のものが建つ前よりもっと良くなるものだとさらにいいと思います。

林野 次に氷風穴ですが、ソフトをどのように展開するのかという話がありました。

佐藤 ソフトのことに触れる前に言っておきたいことがあります。地元の方と話をした時に、氷風穴の保存をメインに活動している方なので、その他の周りのことに関してはあまり聞けませんでした。氷風穴の保存を提案する時に、その他の地域の活動を邪魔してはいけないと思い、りんごの栽培から始まって、風穴を利用して観光客を迎え入れることで、風穴から集落までの一連の流れが集落に対して邪魔にならない提案をしています。

中川 氷風穴1本勝負だと少し厳しい気がします。氷風穴とともにある暮らしや生業など、プラスアルファがあると良いと思います。

佐藤 集落の方の氷風穴の利用方法として、りんごの栽培がありました。観光客に関しては、現地でリンゴ酢の生産を体験して、そのリンゴ酢を保存する際に、ラベルに未来の自分宛てへのメッセージを書いて、数年後にもう一度取りに来るという体験を考えています。

林野 続けてウママチに伺います。馬が生活に入ってくることでどういう変化があって、それがどう良いのか。回答はいかがですか?

平尾 遠野は担い手不足などまちが衰退していますが、馬との暮らしを再編することで住人同士のつながりを生むという提案です。建築的には馬との暮らしだからこそ生まれる素材を使うことで、まちの人たちが建築をつくっていくのですが、そこで助け合いが生まれてコミュニティーをつくっていきます。馬の散歩をする中で、集団登校をする子どもたちが生物の小さな学びに気づくなど、まちがどんどん良くなっていく提案にしたいと考えています。リサーチの中で、元々の住居の真ん中部分にぽつんと空いた空地が多数見られましたので、そこにまちの人が集まれる食卓を入れることで、まちの人同士がつながれる機

会を生み出したいと考えています。

　松田　この場所は柳田國男の『遠野物語』は
もちろん民話でも有名で、歴史的にも文化的に
も多様な文脈がある中で、馬だけの話にしてし
まっているのがとても気になりました。提案の中
で、遠野にまつわるさまざまな歴史や文化と関
連したり調和したりするような話が出てくると、も
う少し納得できる気がします。

「ウママチ」平尾綱基（大阪工業大学大学院）

　平尾　馬との暮らしによって生まれる二次的
な連関が一番大事だと考えています。たとえば馬の餌であるスス
キを建築素材として扱うことで、茅葺きを張る教育もされていま
す。そういった遠野のまちらしさや文化をもっと育んでいけると考え
ています。

　林野　それではバンコクに伺います。ネガティブな意見がありまし
たが、先生方はとても評価してくださっていることは確かです。反
論はありますでしょうか?

　東條　この駅を下水処理機能に変えるのはどうなのかという意見
ですが、鉄道を水に再編するという大きなテーマでやっています。
この駅が都市を発展させたという歴史があるけれど、新しい駅が
建設されて、歴史から完全に切り離されてしまうという現状があり
ます。それに対して、鉄道が発展して陸上交通が栄えて、結果的
に運河から人々が離れてしまったという状況を取り戻すためには、
この鉄道の拠点であった場所は重要だと考えています。

「記憶蘇生、水都バンコク復活」東條巧巳（工学院大学大学院）

もとの建築の良さをリスペクトする

　林野　次に塩田です。新しい経済圏ができることに対して、どう考えているのかという質
問がありました。

　宮下　本当にここで塩が採れて、回収のシステムもきちんとあるなら、そういう話をお願い
します。

　西本　不変の行程という話がありましたが、製塩をしていた公民館などで何度も話を聞
いて、製塩の方法を地元の方と一緒に考えました。屋根の形態は、かつてあった塩釜の
形態を参考にしています。塩水がどう落ちるかという話もありましたが、全体的に山折みた
いな感じになっていて、地面は土ではなくて流板で仕切られています。そこを通ってゆっく
り落ちてきた海水が排水口まで流れるシステムで、そこで溜まったものが塩だまりという場
所に流れていきます。そのままポンプで汲み上げて遠心濾過機でゴミを取り除いて、そこ
から余熱窯に一度通して海水の温度を上げた後、塩釜で塩を結晶化させて、最後ににが
りを取るために乾燥させるというシステムを組んでいます。多喜浜の人たちも塩田を復活
させたいという熱い想いがあって、横断幕が道に掲げられていてとても熱い場所なので、
僕も真摯に取り組みました。

　塚本　竹の上にドリップさせるやり方は沖縄にもあって、何度も繰り返しやるので一番上に
横のパイプが走っているはずです。それで一回落ちたものを回収して、もう一度ポンプアッ
プして流すので、1本1本ポンプアップする仕組みはあり得ないと思います。スプリンクラー
で上から散水したらすぐ落ちてしまうものが多いですよね。竹に付着するのは空中で風に

晒される時間を増やすためなので。

西本 地元の方と検討していたのですが、沖縄で見られるものはとてもコンパクトで、風がどれだけ通って、敷地に対する杭の割合はこれだけという話でした。それを1本1本離すことで付着率が少なくなるけれど、逆に風通しが良くなるのではないかということでした。

塚本 その辺があれば塩の濃度圧縮を高めるための場所として納得できるんですよ。でも建物が噛み合ってしまっているので、疑わしい。

西本 普通の屋根ではなくて、ここは茅葺きにして、これも同じ原理で降ってきて、垂れてくるものも塩分濃度を高める1個のシステムになって欲しいという感じでやっています。それができるのかは調査ができなかったのですが、建築と生業が一緒に働いている田園風景の、稲を干している姿などを見てとても素敵だと思っています。

塚本 田んぼの中に家が建っていると日陰もできてしまうし、農作業もしにくくて難しいと思います。里山でも家が建っているのは山裾のところだけです。平らな日当たりのいいところは基本的には田んぼで、要するに生産にプライオリティがある。そこを曖昧にして良いものか?

林野 中川先生が5点票を入れているので一言よろしいでしょうか?

中川 工場で大量生産する塩とは違う塩なので、地域の方が関わるなどといった付加価値があるわけですよね。その辺りを説明して欲しかったです。私はストーリーがいいと思って5点を入れています。

林野 この5作品の中で、上のグループに持っていきたい作品がある先生はいらっしゃいますか?

安居 氷風穴と乃木会館です。

松田 私も5点入れているので乃木会館です。

林野 ではその2作品を上に持ち上げて、6から8位を決めたいと思いますが、このままの点数でよろしいですか? 8位がウママチ、7位が塩田、6位がバンコクです。

宮下 この3作品に5点を入れている方に、その2作品が上に上がっていいのか聞いた方がいいと思います。

塚本 バンコクはマリオ・タマーニョの駅舎が素晴らしくて、目を奪われますが、提案自体はあまり魅力的ではないです。マリオ・タマーニョ頼みになっています。塩田はいちおう自分で頑張っていますね。

中川 それで言うと乃木会館はパラッツォと、大江さんの横のビルという2つの下駄を履いています。確かにバンコクは設計でもう少し良くできるはずです。水路沿いの生活や生業の流れをそれほど感じないし、パイプ頼みのところがあって、運河沿いはもっと生き生きとした流れを感じさせる雰囲気があると思います。でも今は機能をゾーニングして入れているような感じもして、もっと上手くできると思いました。

松田 僕は乃木会館とバンコクを比較すると、決定的に違うところ

があると思っています。バンコクはもとの建築の良さをどう使っているのかが全く見えてこなかった。もとの建築の良さを空間として利用しているところがあれば、もう少し評価できるのですが、この場所は使っているけれど、もとの建築とどう関係しているかが見えなかった。一方、乃木会館は大きく2つの建物があって、大きい方の建物の4階に実はコロネード的な部分があります。その2つの建築の違うコロネード的な部分をもう一度結び直すと同時に、さらに都市的な文脈につないでいるところがあって、きちんともとの建築の良さをリスペクトしたうえで自分で空間化できていて、そこが両者で大きく違うと思いました。

安居 このコンペは歴史的な建物ではなくて、空間の再編ですよね。今建っているこの巨大な建物は13階建てで、オフィスが入っていて利用する方がたくさんいらっしゃると思います。乃木会館の提案では、今の建物を使っている方々はどうなるのでしょうか?

松本 乃木会館は披露宴会場などハレの場所で、平日は全く使われていないとリサーチで知り、もったいないと思いました。そこでワークプレイスや生活の場は、既存の建物の中に平日は転用して、ここは最小限の機能に抑えてスカイラインをつくることにしています。披露宴会場など、この中にも専門的なスペースはつくれると思っています。

安居 いろいろな人が使っていて、全部を披露宴会場などに再現するのは無理があると思います。

松本 稼働時間と稼働面積を掛け合わせた数値が同じぐらいになるように、自分の中では計算しています。

松田 建て替えるのが早すぎる気はしますが、そもそもこの場所に13階建てがあるのは今のスカイラインから考えると高すぎるので、将来的にはこれでいいのではと思っています。

魚谷 僕は新築でモチーフを巻き付けるのではなく、13階建てを改修する方法もあったと思います。バンコクは確かにまだ改善の余地はあるのですが、駅舎の暗い空間の中に水を引き込んで、上手く設計すればできると思います。乃木会館と比べると、バンコクは内部空間の可能性も感じるし、都市的射程の範囲も広いです。そういう意味ではバンコクの方を評価したいと思います。

塚本 いい議論ができたおかげで、いい具合に順位が付いていると思えてきました。

林野 今のお話を受けますと、この5作品は点数順にこのままでいいのではないかという雰囲気ですが、異論はございますでしょうか?

平尾 僕たちの提案は歴史的空間の再編という意味では一番できていると思っていて、それによって今の社会問題を解決しようとしています。

宮下 ウママチというのはかつて確かにあったと思うけれど、全くその文脈は残っていないですよね。その文脈が提案の中にどう取り上げられていますか?

平尾 馬との暮らしや、馬搬や馬耕といった素晴らしい文化を継承していきたいという人が一部入っています。

林野 僭越ながら少し言わせていただくと、おそらくそれが建築的に表現できていないのですよ。それからシーンが見えないので、先生方が可能性を感じつつも、もう一歩推せなかった理由だという気がします。では、8位が氷風穴、7位がウママチ、6位が乃木会館、5位が塩田、4位がバンコクで決定です。皆さんおめでとうございます。

3位～グランプリ **22点で並ぶ「清澄」と「ダム」**

林野 では最後の議論に入ります。22点の清澄、同じく22点のダム、そして26点の田端の3作品で決選をしていきたいと思います。まずは清澄から、どういう立場で改修しているのかわからないという意見がありました。

半田「何をしたかったのか」というところから説明します。どうなって欲しかったのかというと、皆にこの建築ともっと会話して欲しいのです。この建築は、昔は観光客の休憩所もあってとても賑わっていたのですが、最近は空き家化して、安全面はどうなのか、清澄庭園にも怒られてどうすればいいのかという話を住人はしています。一方でまちの人たちは、この建築のファサードはとても可愛らしい、色を塗り分けた跡みたいなものもあって、清澄白河らしいと言います。清澄白河は表層的なブランディングがされて、カフェのまちになっています。そういう表層的なブランディングでまちが延命されて、この建築の寿命も延びたという歴史を持っていて、そうだとすると、もっとこの建築を中心にこのまちらしさや、地域の意識をつくれるのではないかと思っています。

　この建築が面白いのは、最初は東京市が所有していて、いろいろなお店で賑わっていたのが払い下げられて、住民が改修してペンキを塗って連続しているという、最初にあった骨のフレームみたいなものに、住人が能動的に「俺はこうするんだ」と応答して、それでできた建築の肉みたいなものが生成されているところです。そういうものは、建築と人の関係性がとても明確で美しいと僕は思います。しかし今は廃れかけているので、どういったスタンスを取るかというと、もう一度ここに骨を与える方がいいと思っています。だから形式が強めのスタンスを取っていて、そこに建築と住人だけでなく、まちの人も呼び込んで、建築と人の応答関係を持続させるためにもう一度僕はそこに骨を入れたいのです。

　安居さんの話でインクルーシブとエクスクルーシブがありましたが、エクスクルーシブなものに対して社会がどうなっていくのか、結局その対義語のインクルーシブや包摂的なものを考えるのだと思います。そうではなくて、この建築は所有の関係がずっと曖昧になっていて、公共なのか、誰のものかわからない場所をつくれる気がしています。インクルーシブでもエクスクルーシブでもない、まちの人が皆でこの建築と向き合っていく場所をつくりたいのです。

林野　ではダムにも聞いてみたいと思います。これは本当にこの方法が一番いいのかというお話がありました。それから時間の問題などあったと思いますが、いかがですか?

谷　まず一番伝えたいのは、苫田ダムで沈んでしまった村に住んでいた人たちの想いは消えていないということです。実際に調査に行ってお話を伺ったのですが、ダム構想から66年経っているけれど、反対運動に関する写真や法的資料などを残していこうという若い人たちがいて活動しています。今は10名ほどしかいなくて、本当はもっとそういう人たちがたくさんいると思うのですが、行政がお金をばらまいて立ち退きをさせたので、人間関係が壊れてしまい、交流するのが難しくなっています。先に出て行ったからある種の後ろめたさがあり、反対運動の活動の記録を持っているけれど渡せないという状況があって、そういう人たちの交流のきっかけになる提案を考えました。これは光の雫を注いでつくっていくのですが、その注ぐという行為が供養であって、村の面影をつくっていきます。それであれば、もし後ろめたさがある人が来ても話すきっかけになって、またコミュニティーが復活していくと考えています。

塚本　ダムの底に沈む集落がまとまって集団移転地を用意されて、そこに移り住むことがあるけれど、そういうことはここでは起こっていないですか?

谷 42年という長い期間に渡って抵抗運動があったため、いろいろな場所に移ってしまっています。連絡が取れない人たちがいて困っているというお話を聞いたので、一緒に何かつくっていくという新しいコミュニティーのきっかけが必要だと考えました。

塚本 時の結晶は水深何mぐらいまで? ダムだから水位が変わりませんか?

谷 30mぐらいが一番深いです。ここは水位があまり変化しないダムで、2mから5mぐらいしか変わらないので大丈夫です。

安居 アイデアを改めて聞いていいと思ったのは、既存のダムを壊して元の風景を取り戻すのではなくて、新しいプロジェクトと両立させるところです。苫田ダムを調べるととても評価の高い場所で、ここの景観が好きという人たちも多くいますが、その人たちも嫌な思いをしません。

林野 ダムの想いは深いという話でしたね。

何をもって歴史的空間なのか

林野 それでは田端にもお話を伺っていきたいと思います。

馬場 魚谷さんがおっしゃっていた、再編と場所性という話に回答します。歴史を遡るとここはかつて海で水との循環があって、畑で人々が集まり、今は土木インフラが埋め立てられているという流れがありました。その中で、社会的な問題として寿命が来て、それを更新しなければいけない時の回答として人々が集まって、かつての見えなくなった歴史や自然環境を人々とつくりつつやりたいと考えました。実際はかなり広い線路が通っていて、鉄道のまちとも言われています。奥にある大きな橋からの鉄道の風景が良くて、自分も鉄道をただ否定したくはなかったので、この鉄道の価値として下にバラストがあって、受け止める土壌が生まれて、そこに住む人もその上を歩いている時に鉄道が見えます。子どもたちに話を聞くと、この鉄道がいいという声もあって、この斜面上だけに設計したのもそういう意図を持って、背後に人が見えるよう斜面に優しいような設計をして、この場所もしっかり認めつつ、さらにこの提案が広がっていくと社会的な解決につながり、未来に向けた提案になると考えました。

魚谷 何が歴史的空間かということですが、たとえば地域を対象にしている提案や、文化的価値がある建築、あるいはそれはないかもしれないけれど、何か見るところがある建築を対象にしている提案もあります。この提案は建築やインフラではなくて、地面といったものが対象ということですか?

馬場 そういうものに新たな再編として人々を加えていきます。

魚谷 それはよく理解できました。ではどういったものを継承したいと思いましたか?

馬場 残すものはまず鉄道の風景で、しっかりそこを残した上で人々が集まります。また、擁壁に対して斜面を継承して、建築の形態もなるべく斜面の形態に合わせて、その斜面は人が降りられるよう

「東京浸透水域」馬場琉斗（工学院大学大学院）

に木擁壁を段々状にしました。

魚谷 昔からの歴史みたいなものはないですか?

馬場 地面が持ってきたものに対して、現代の人が力強く納めたものが悪くなってしまっている、それを解放させています。だから操作としては土中を見せるために段々状の設計を行いました。そうすることで斜面にかつては自然があったけれど、なくなったものに対して、また新たな自然が共生できるような空間をつくることを考えました。

林野 他に先生方はこの3作品に質問、意見はございますか?

塚本 田端は「グレーインフラからグリーンインフラへ」と言っています。土木の方でもコンクリートで固めるのではなくて、できるだけ生態学的なことに配慮しながらインフラを再整備しようという考え方の延長にあります。今日は土木の専門家がいないので、土木の人がどう評価するのか本当は聞いてみたいですよね。余りにも荒唐無稽で、グレーインフラからグリーンインフラに変える時の課題や問題点を理解せずにやっていると言われてしまうかもしれません。もう少し小さい規模のコンクリート擁壁をグリーンインフラに変える、もう少し生態学的、有機的なものを使ってやっていくのは、建築の分野からでも想像できます。私も実際に試みようとしていますが、ここの擁壁は東京でも本当に大きい方なので、そこをいきなりできるかというと不安はあります。

安居 一人だけ低めの2点を付けていますが、作品名から水と浸透が軸にあって、今は集中豪雨の頻度も規模も大きくなっている中で50年、100年後の持続可能性を考えた時に、それが田端で本当にできるのか、土木の専門家ではないので判断ができません。

宮下 かなり明快な土木的なエッジをここまで全部違う方向につくり替えるかどうかは別として、この提案によってそのエッジがだんだん都市における地面というか大地みたいなものを変えていくきっかけになっていくというイメージがとてもいいと思いました。点数はその評価です。

塚本 ここに道があって擁壁がすぐ始まっているけれど、現状はあの道の擁壁側に建物が建っているの?

馬場 2つの棟を建てたところには2つ建築が建っていて、その建築が建っているのを根拠にしています。

塚本 ル・コルビュジエの建築の計画にとても似たものが建っていて、私は前から注目しているけれど、あれは壊さないで欲しかった。ブリッジになっているところは、要するに斜面をもう少し緩傾斜にするためですか?

馬場 ブリッジに関してはかなり幅が狭くて、ちょうどその上に塚本さんがおっしゃっていた建築が2つ建っていたので、その用途を受け止めるためにそれと同じものを付け加えています。ここは埋まっていて、公園が連続してつながっていて、土台があるここは思い切り下を削っています。

安居 気になったのは、土中の水域という言葉も使われていて、水域と言うとここだけの話ではなくて、この上や線路の下がどうなっているのかといったところがとても重要だと思います。線路の下のコンクリート層がどれぐらいの厚さなのか、地下やもっと広範囲の分析はしましたか?

馬場 問題解決としては、森林に対して擁壁があることによって森林の循環が問題になっているのではなくて、この擁壁に対して今ある現状を解決することを第一の目的として考えています。その次に見えてきたものが、土中環境が悪化していることです。「ここの土中が絶対に悪くて、ここがいい」という設計ではなくて、この擁壁を

大きく変えることで良くなるというプロセスの仕方なので、土中を調べて「ここでないと駄目だ」というプロセスではありません。そのような観点から進めると、おそらくもっと地方のような、森林が枯渇して崩れてなくなってしまうところでやった方がいいのだと思いますが、都会でやりたいと考えました。

塚本 これは何をもって歴史的空間再編なのかを聞きたいです。

馬場 かつての見えなくなった自然環境を歴史的な空間と捉えて、それを表層化させます。その時にあった人の関係を新たに再編して、土木との関係をつなげながら人々とともにやるという解釈です。

塚本 昔はここから筑波山が見えたのですが、そういうところまで話を広げて欲しかった。そうでないとコンクリートをやめて自然の擁壁にする技術論に寄ってしまう。そうすると何が歴史的なのか、土木的な専門家の意見を聞かないと判断できない、となる。そこのところでストーリーを組んで欲しいです。

林野 そろそろまとめに入っていきたいと思います。ここはもうフラットに、挙手で決めたいと思います。2023年のグランプリにふさわしいと思うのは田端だと思う方、挙手をお願いします。塚本先生、宮下先生、松田先生、中川先生、魚谷先生の5名が手を挙げましたので、グランプリに決定です。おめでとうございます。準グランプリは清澄、3位はダムとなります。おめでとうございます。皆さん長い間お付き合いありがとうございました。

▶ 最終結果

順位	出展ID	出展者	作品名
グランプリ	KSGP23051	馬場琉斗（工学院大学大学院）	東京浸透水域
準グランプリ	KSGP23115	半田洋久（芝浦工業大学）	清澄アーカイブス
3位	KSGP23114	谷 卓思（広島大学）	燐火ゆらめく 村のおもかげ
4位	KSGP23098	東條巧巳（工学院大学大学院）	記憶蘇生、水都バンコク復活
5位	KSGP23045	西本敦哉（京都市立芸術大学大学院）	地中を舞う種に習いうたをつなぐ
6位	KSGP23170	松本真哉（法政大学大学院）	併邊の行方
7位	KSGP23145	平尾綱基（大阪工業大学大学院）	ウママチ
8位	KSGP23158	佐藤天哉（愛知工業大学）	折節の氷風穴
9位	KSGP23021	赤石健太（日本大学大学院）	結まわるをハコぶ
10位	KSGP23004	大竹 平（京都大学大学院）	花遊百貨小路

本審査　総評

愛があることこそが
前提なのではないか

魚谷　繁礼

　初日に見せてもらった30の提案が対象とする歴史的空間は、その殆どが知らなかったもので、かつポテンシャルに溢れるものばかりで、まずはそれだけでとても楽しませてもらえた。このようなコンペに毎年参加されている関係者の皆さんが羨ましい。

　そしてそれら歴史的空間の多くは、変化する社会状況に晒されるうちにその役割が喪われてしまっており、或いはその役割が宙ぶらりんになっている。そのような状況においては、何をどのように遺し、同時に何をどのように変えようとしているかが問われるだろう。喪われそうな何かを情緒に訴えてただ復元しようとするような提案に対しては、何故喪われそうになっているのかを考えて欲しいと思う。建築や遺構をただ遺すのには留まらず、同時に目に見えるその地域の風景や、または目に見えにくい地域の構造、或いは産業の仕組みなどを変えていくような提案をより評価したい。そのような提案こそが歴史的空間の「再編」に繋がるだろう。

　とはいいつつ、そのような理屈以上に、学生の皆さんのプレゼンからは、それぞれの提案に対してというよりは寧ろそれ以上に、それぞれが対象とした歴史的空間に対する愛を感じた。そして、学生と議論する審査員についても、それぞれが推す提案というよりは、その提案が対象とする歴史的空間について語る姿に同様のものを感じた、このことがとても印象的である。常々、歴史遺構を生きたまま継承するためには、情緒的な態度ではなく、論理が求められると考えている。しかし今回、学生や審査員の皆さんと議論をしながら、論理以前に、情緒ではなく愛があることこそが前提なのではないか、なんてことを考えてしまった。そ

してその上で、どこかの聖人が言ったらしい「汝、愛するものを燃やせ。そして燃やすものを愛せ」という言葉が思い出された。学生の皆さんには、今回のコンペで終わるのではなく、是非とも今後とも、それぞれの提案を越えて、提案の対象とした歴史的空間の継承の実現を現実に図っていって欲しい。

　個々の提案に対する評価は、本書の他頁に記載されているだろう記録に委ねたい。

新しい
身体感覚を呼ぶ
建築をつくる好機

©yujiharada　中川　エリカ

　今回、はじめて歴史的空間再編コンペティションの審査を務めさせていただいた。

　二次審査は、襖が外された、柱の立つ畳敷きの会場にギュウギュウに並べられた模型とパネルを見ながら、細い路地の隙間を縫うように全体を一周して行った。最終審査は畳敷きの大広間のような場所で、学生たちは身を寄せ合いながら床座で聞き、スタッフの学生たちは一段下がった土間で待機している。プレゼンテーションを行う作品の模型は前方に一堂に並べられ、審査員はその横に座る。その光景・一日の審査の体験自体が、通常の学生コンペとは異なる立脚点に立っていることを示しているようで、とても興味深く感じた。

　コロナ以降、私たちは今まで以上に「健康とは何か」を考えるようになり、理論や理屈ではなく、身体感覚を大事にするようになった。建築に携わる人間だけでなく、市井の方々ともこのことを共有しやすくなった今はまさに、新しい身体感覚を呼ぶ建築をつくる好機ではないかと思う。そのための一つの策として、建築と環境の関係性を問うことが必要ではないだろうか。環境という言葉には、目

の前の身の回りの環境という意味と、社会的な環境という意味が含まれている。今回のコンペでは、後者に焦点をあてつつも、「身の回り」ということが単に個人に属すのではなく、その時代の共有感覚に属しているということに触れた作品があった。

　現代建築をつくるために、外と隔絶しながら建築がただあるというのではなく、場の来歴・気候風土や産業など、独自の地域性と手を取り、全てを包摂し、連続しながら建築がある、という状況を目指す。今回の歴史的空間再編コンペティションでは、そのことに触れる作品が上位に残り、とても興味深い議論がされた。私よりもおそらくふたまわりくらい下の世代である学生たちから、みずみずしい提案が出されたことに希望を感じる会だった。

「誰と協働するか」
という目を
養う必要もある

安居　昭博

　まずは今回唯一建築の専門家ではない立場で、審査員という重要な立場に加えていただき、関係者の皆様には大変感謝いたします。初めて参加させていただき、脳に汗をかくくらい学生たちも審査員の方々も本気で考え意見を交わし合い、時にぶつけ合う、濃厚な2日間だった。本気で向き合うほどに成長につながり、また現代社会や普段触れ合わない他者を知る上でも素晴らしい機会だと感じた。

　さて本コンペティションの特色は、テーマが「歴史的空間の再編」であり応募者が学生である点。時代や社会・自然環境の移ろいにより、「歴史的空間」の中には「再編」が求められるものが生ずる。ただ「再編」のアプローチは多様で、現代では単に従来の建物や空間、それらを取り巻く文脈を取り壊し、新しいも

のを築けば良いというわけではなくなってきている。その点で私が専門にするサーキュラーエコノミーの視点が求められてきていると感じた。

驚くべきは今回応募者のほとんどが「サーキュラーエコノミー」という言葉が初耳だったにも関わらず、多くの作品に無意識にサーキュラーエコノミーの要素が散りばめられていたことだ。また単に資源循環を意識するのみならず、各地域の文化や慣習を丁寧に調査し次世代に継ごうという社会的側面が重視された作品も多く見られた。

実際に遠方の現場へ足を運び、人間関係の構築から始まり、丁寧に現地コミュニティに馴染みその土地の風土や歴史を紐解こうとする学生たちの熱心な姿勢は評価されるべきだ。こうした各地域の特色にこそ国際的視点で日本ならではの魅力が多く残されており、社会人が見習える点も多々あると感じられた。

一方でアイデア自体は興味深くとも、実現するためにはさまざまな角度においてリサーチや分析が足りない作品が多かったようにも感じた。「空想コンペティション」であれば良いのかもしれないが、実現を目指すプロジェクトであれば、法律、経済、経営、環境、地元民の意見、実行後に想定される影響評価など、多分野からの深い分析が欠かせない。「建てて終わり」ではなく、運営する建物であれば事業計画も必要だ。こうした分析は個人や数名のグループで為せるものではなく、異分野の専門家らとの協働が欠かせない。経験を積んで「誰と協働するか」という目を養う必要もあるだろう。

学生時代はどうしても似た背景の仲間と協働することが多くなりがちだが、今回の経験を通じて卒業後にはぜひ建築以外の幅広い分野の方々と関係を持ち、素晴らしい感性やアイデアをぜひ現実のものにしていただきたい。

12回目にして、また新しいアプローチが出てきた
©TOTO GALLERY・MA　塚本 由晴

数ある建築設計競技の中でも、12年前に始まったこのコンペティションは、テーマが「歴史的空間の再編」に固定されている点で異彩を放っている。その代わり各地の地域性を色濃く映した歴史的な構築環境が、繁栄していた頃の成立背景やそこでの暮らし、社会の変容による衰退、上書き、忘却といった現況とともに報告されることになる。プレゼンテーションを聞いているといろいろな場所にフィールドワークに出かけている気持ちになる。一次審査を通過した30作品（当初は50作品）のパネルと模型が一堂に会した二次審査の展覧会も、たった半日ではあるが、出展者の熱意が伝わり見応えがある。今年最終審査に残った10作品も多様性があって、順位を決めるのが難しかった。そうなると建築家の審査員たちは、評価の根拠を建築としての見応えに求めてしまいがちで、1位になった山手線に縁取られた崖線のグリーンインフラ、4位になった西欧のターミナル駅の形式で建てられたタイ国鉄フアランポーン駅舎などが有力になってくる。一方、サーキュラーエコノミーの普及活動と実践をしている安居さんは、提案者が対象にしている構築環境に、当事者として関わっているかどうかを評価の根拠にしていた。最後まで推していた8位の御嶽山の土石流により生まれた折節の氷風穴、9位の伊是名集落のユイマールの提案は、建築の表現としては地味で、新しさはないが、自分が関わっていかないと存続できなくなるのではという切実さがあった。12回目にして、また新しいアプローチが出てきたのかもしれない。学生には空想を逞しく、などと期待しがちだが、若い人こそ先が長いのだから、歴史的空間の維持、管理、再生をリードする当事者になってくれることを期待できる。里山再生、古民家再生、なりわい再生の具体的な実践を、ドローイングや模型で表現する提案が出てくるかもしれない。本設計競技に新たな位相が加わることを期待している。

新しい捉え方や切り方で、素晴らしい作品が出てくる
宮下 智裕

今年度の歴史的空間再編コンペを通して強く感じられたのが、歴史的空間というテーマの捉え方の広がりである。見事グランプリを獲得した馬場さんの「東京浸透水域」案では土木的な要素を環境的な側面に止まらず、さらに歴史的な文脈の中の物語を伝える場として捉えていた点は非常に興味深く思えた。今回は田端を対象としていたが、いろいろな駅で固有の物語が生み出せそうな期待感も強く持った。さらに周辺環境への伝播が起こっていく形になればより魅力的な案となるはずである。準グランプリを獲得した半田さんの「清澄アーカイブス」ではこれまでなかなか上位入賞がなされなかった防火建築帯に対して、敷地の文脈を巧みに読み取りながら、裏側に開かれた流動空間を挿入することで魅力的な空間再編として成立させている点が高く評価できる。100年近く近隣住民が見てきた姿に対して、個人の記憶の集積を空間として巧みに表現し魅力的な再生を行っていると感じた。ただし、個人的にはアーカイブスという機能が最適だったかという点に関しては少し疑問が残った。また、3位に入賞した谷さんの「燐火ゆらめく 村のおもかげ」では、湖面にダムによって沈んだ村のおもかげを詩的な感性と新しい技術、さらには自然環境を折り重ねて現代に蘇らせるという発想に驚かされた。このように、歴史的空間の捉え方とそこから導き出された再編の発想が秀逸であった。

一方で、このように歴史的空間というテーマの捉え方が多様になってくると、提案の中で何を歴史的空間として捉えているのかというポイントをしっかりと伝える必要が出てくる。特にこのコンペは卒業設計や修士設計などをもとに再構成しているものが多いと思われるので、コンペ案として作品では何を歴史的空間と捉えたかをできるだけ明快に説明することも高評価への近道ではないかと考える。応募された作品は、とても素晴らしいものが多く、特に上位の作品はどれがグランプリとなってもおかしくない力作であったと考える。今回グランプリを逃した作品の中でも、ブラッシュアップによってさらに魅力的な作品になる可能性を感じたものがたくさんあったのでぜひリベンジにも期待したいところである。

歴史的空間というテーマをさらに広げる可能性とさらに深掘りすることで見える可能性など、新しい捉え方や切り方で、まだまだ素晴らしい作品が出てくることを期待させてくれたコンペであった。

空間的問題の発掘と 歴史的要素の循環

松田 達

本年も大変多様な作品に出会うことができた。そして例年のことながら、交わされた議論が素晴らしかった。本年の作品が取り上げた場所を挙げると、10選だけでも、便宜上西から挙げると、バンコク、沖縄、愛媛、岡山、京都、長野、東京（乃木坂）、東京（田端）、東京（清澄）、岩手と、全国に散らばり、海外も含まれる。扱われた題材は本来一言では表現しにくいが、駅舎、木造ユニット、塩田、ダム、商店街、風穴、結婚式場、擁壁、長屋、馬と、これも多様である。実際には、例年100以上の作品が集まってきており、数十の模型を見るだけでも考えるべき問題の多さに圧倒され

る。そこには失われつつある歴史、忘れられている空間、あるいは未来に向けて改善すべき可能性など、さまざまなタイプの問題系が含まれる。改めて歴コンの舞台で、毎年、建築を学ぶ学生がいかに多くの問題を発掘しているか、これだけでも歴コンの意義は大きいと感じる。こうした歴史的空間の問題系に対して、本年は「循環」というテーマが掛け合わされながら、審査が進んでいった。

さて、本年の作品から、特に気になった作品を改めてコメントしておきたい。グランプリとなった馬場琉斗さんの「東京浸透水域」は、田端駅近辺に伸びる巨大な擁壁を周囲の建築とともに新たに再編する提案である。土木的インフラが立体的な空間として多彩な活用方法が提案されるとともに、風景の更新もテーマとなっていた。インフラとしての土木を、より人々に近い建築と風景に変換するという大きなストーリーも素晴らしかったし、その中の個々の提案も多数の可能性を提示していた。堂々たるグランプリ作品だったと思う。準グランプリとなった半田洋久さんの「清澄アーカイブス」は、1920年代に建てられた250mに渡る旧東京市店舗向住宅を、新たに図書館として再編するものである。長屋という縦に細かく切断される空間を、横に長くつなげるという大きな空間的転換を図っている。現在、すでに荒廃が進み、失われつつある長屋の連帯性に対し、新たに地域の公共的空間として活用していく提案である。三層吹抜けの読書空間、公園との連続性、新たな動線計画、屋上のテナント、巨大な扉など、複数の提案が組み込まれており、プレゼンのレベルも高い。学部生ながら完成度の高い作品であった。

以降、駆け足であるが、3位の谷卓思さんの「燐火ゆらめく 村のおもかげ」は素材の開発からダムの貯水池の水質や水没した村の記憶の問題などを、一貫した流れで提案していた。動画も含め

美しい作品であった。6位の松本真哉さんの「併遷の行方」は、都心部の乃木会館を中心とした連続する建築を空中のコロネードで立体的に連結させながら、都市の新しいファサードを提案する試みにもなっていた。複数の建築をまたぐ連続的なファサードは、日本ではつくりにくいが、だからこそそこに都市建築の新たな可能性を感じるのである。10位の大竹平さんの「花遊百貨小路」は、商店街と百貨店という異なるビルディングタイプを接続し、高さに限度のある京都中心部において、立体的な路地空間とファサードを現出させる作品であった。京都という歴史の蓄積された都市において、まちに手を加えることは簡単ではないはずであるが、大胆な手法によって新たな京都らしさを提案させようとしていた。

歴史的空間の再編自体が、循環させる要素を新たに見出す行為でもある。循環はミクロには身近に感じられることであるが、マクロには歴史的な要素を発見し再編することでも生じる。歴史的要素が空間的に活用され「循環」されることが、本コンペがテーマにしている歴史的空間の再編が生じる瞬間ではないかと思う。

作品紹介 ー11〜20位ー

11位 KSGP 23040

88mの余白
藍による分断された水との関わりの再考

徳島県美馬市を流れる吉野川の流域沿いでは、河川の洪水被害とともに肥沃な客土が良質な藍の生産を支えてきた。しかし、堤防完成により川と街が分断され、かつての生業風景は失われた。そこで本提案では、分断された川と街を、藍染めと街に残る水害共生エレメントにより再編し、過去と未来をつなぐ。

髙橋 知来／片山 愛梨／渡部 美咲子
愛知工業大学 工学部 建築学科

11位 KSGP 23150

日吉台地下壕博物館

戦後78年が経過し、戦争の記憶の風化がすすむ。慶應大学日吉キャンパスの地下にある戦争遺跡、日吉台地下壕を保存・改修し、空間を歩くことで戦争を追体験できる戦争博物館。太平洋戦争期の年表をもとに時間軸を設定し、当時の人々の証言や記録から抽出した21の感情を空間体験から辿っていく。

楊井 愛唯
日本大学大学院 理工学研究科 建築学専攻

11位 KSGP 23155

百段階段を崩す
〜横浜の記憶とまちを紡ぐブラフの新たな階段劇場〜

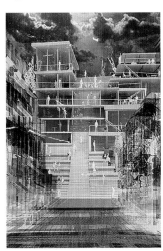

百段という名だけが残る元町。切り立った崖地に山手と元町のコンテクストを調和しつつ、町の発展によって失われた軸性を取り戻し、記憶と共に現代へと蘇らせる。最初は気付かない段差みたいなものが徐々に空間へと変化しながら、単なる移動空間だけではない劇場空間として使っていく提案。

後藤 龍之介／佐々木 優
東海大学大学院 工学研究科 建築土木工学専攻

14位 KSGP 23028

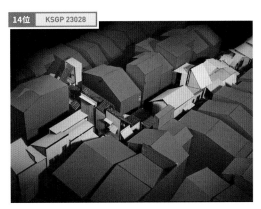

月島立面路地住宅
ー月島路地の継承と創造、蘇生ー

月島は、東京で数少ない東京大空襲の被害を免れた街であり、古い独特な空気感の残る街並みである。しかし、現在再開発により空気感が失われつつある。そこで再編集した新立面を用いて新築することで、路地を継承・創造・蘇生する。通常建築は平面から設計するがこの建築では立面から平面を設計する。

髙橋 穂果
慶應義塾大学 総合政策学部 総合政策学科

15位　KSGP 23070

まちを溜める
－ため池とまちの未来の循環構想－

　産業構造が変化し、日常から切り捨てられ、ただ使われず残されているため池に、約3mの水位変動をはじめとする特殊な環境や性質に応答する構法により建ち上がる拠点を計画。拠点には、都市化で消えゆく2つの文化「農耕と日曜大工」が溜められ、人々の日常的な実践により、ため池は新たな循環を生み出す

西尾 依歩紀

金沢工業大学大学院 工学研究科 建築学専攻

15位　KSGP 23103

山海を編む学び舎
－観光と生活を連関する風景として－

　漁業から観光業へ舵を切る伊根浦。急増する観光客と集落の暮らしとの緩衝帯として、伊根小中学校に注目する。子どもの学びは集落に離散しながら、海から山へ変化する。観光客は、場所と時間を子どもと共有しながら伊根浦の連関に触れる。山海を編む流れの中で、浦全体の環境認識を触発する学校を提案する。

幸地 良篤／山井 駿

京都大学大学院 工学研究科 建築学専攻

15位　KSGP 23168

水運的里山再生
～ダム整備により失ったアカマツ流通の復興～

　ダムが竣工し集落と里山林を結んでいた道は水に沈んだ。湖畔に生まれたのは、人の介入を失ったアカマツ林と、自然環境を生かした森林公園。木材流通の復興と同時に、新規需要拡大をする「水運的資源流通×コト消費」を提案する。かつての林業のような水運的資源流通と、新たな賑わいを掛け合わせる。

日置 崇斗

信州大学 工学部 建築学科

18位　KSGP 23005

慈悲の7つの行い

　今ではイメージの悪さや抵抗までついてしまい、距離を取られるものとなってしまった宗教もかつては生活の一部であった。本提案では、修道院を再編することで再び宗教の必要性を生み出すとともに、地域交流が失われた地域においてコミュニティを再構築する。

古家 さくら

大阪工業大学大学院 工学研究科 建築・都市デザイン工学専攻

18位 KSGP 23062

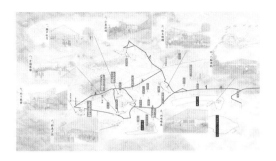

点、線、面。
～景勝地"八景"とサイクルロードによる地域拠点の創出～

「失われた30年」と呼ばれる事業の難航により人々の流出が課題となっていた金沢八景。かつて景勝地として栄えたこの場所を、自然性と歴史性をつなぐサイクルロードと人々の集約拠点となる建築を組み込むことで、八景が持つ場のポテンシャルを最大限に生かした人々が集う憩いの場を創出する。

中野 太耀／矢﨑 健太／田村 哲也
東海大学大学院 工学研究科 建築土木工学専攻

18位 KSGP 23111

隙間を紡ぐ水庭
減築と水足場による暮らしの再編

室町時代の地割りが残り、水路が家屋の佾間を流れる山口県柳井市古市金屋地区。白壁の町として景観が保たれているが、防火・修繕のしにくさから密集した空き家・倉庫は解体され地区内の空洞化が進行している。本設計では、減築し足場を残すことで、水路と空き空間を紡ぎながら新たな環境を創出する。

平野 三奈／福屋 亮平
日本大学大学院 生産工学研究科 建築工学専攻

18位 KSGP 23135

長生炭鉱を継ぐ

山口県宇部の街を発展させた歴史ある海底炭鉱跡地が放置され、海に佇む産業廃棄物となっている現状に対して、2つの塔を慰霊空間とし、その周囲を自然と共生する空間とする。それぞれの建築操作は2塔を風化から護り、自然により浄化された炭鉱跡地は受け継がれていくべき遺構へと姿を変えていく。

隠崎 嶺／松岡 達哉
広島大学 工学部 第四類建築プログラム

作品紹介 ── 30選 ──

銭湯共生都市

KSGP 23009

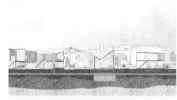

園部 結菜

千葉工業大学大学院
創造工学研究科
建築学専攻

箱の住む橋、ハコに棲む橋
－都市と共存する貨物駅の在り方－

KSGP 23057

小礒 佑真

立命館大学大学院
理工学研究科
環境都市専攻

媒介の居
－人・上水・緑地を取り持つ新たな中間領域の提案－

KSGP 23072

圓谷 桃介

工学院大学大学院
工学研究科
建築学専攻

常ノ伽藍

KSGP 23082

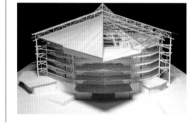

尾沢 圭太

日本大学大学院
理工学研究科
海洋建築工学専攻

穂の国緑水帯
－水上ビルから波及する新緑空間－

KSGP 23113

野原 舜一朗
後藤 晟太
三木 菜羽
名原 夕稀
林 あかり

愛知工業大学
工学部
建築学科

Re:Connect
－吾妻橋における観光と橋をつなぐ多機能橋梁空間の提案－

KSGP 23117

浅井 駿来
樋口 大雅
法橋 礼歩
中村 正基
山田 莉央

日本大学
理工学部
海洋建築工学科

はけにすむ
－崖線環境を再編する住まいの提案－

KSGP 23157

津曲 陸
深井 泰幸

日本大学大学院
生産工学研究科
建築工学専攻

西小川の庭

総合
資格賞

KSGP 23159

安田 壮馬
川北 隼大
牧野 胡太郎
水野 豪人

福井大学大学院
工学研究科
安全社会基盤工学専攻

日銀跡地
～金沢らしい114年目の在り方～

KSGP 23172

中川 将史

金沢工業大学大学院
工学研究科
建築学専攻

ＳＮＯＵ賞

| SNOU賞とは | 最優秀SNOU賞・パース賞・模型賞・プレゼン賞の4部門において、SNOUが優秀作品を選出。各賞の受賞者計4組に、北陸ゆかりの品を贈呈しました。 |

審査方法　30選決定後から歴コン当日までに、1次審査及び2次審査を行う。

[1次審査]
SNOUメンバー全員で30選のパネルデータから審査、投票し上位10作品を選出。

[2次審査]
1次審査を通過した10作品の中から、最優秀SNOU賞1作品を選出する。
SNOU審査員が、パネルデータを見て審査し、
点数の合計により決定（1次審査の点数は2次審査に反映されないこととする）。

審査基準　◇どこを「歴史的」とし、何を「再編」したかを的確に捉えられているか
　　　　　◇対象地の歴史的背景や現状などの下調べが十分にできているか
　　　　　◇問題提起が的確にできているか
　　　　　◇提案は問題を解決するにあたってふさわしいものになっているか
　　　　　◇提案に持続性・将来性はあるか
　　　　　◇パネルを通して、作品の魅力についてわかりやすく説明されているか

審査結果を歴コンHPで公開中！

最優秀SNOU賞

受賞者
KSGP 23150
楊井 愛唯

工藤 完子
「トレー」

パース賞

受賞者
KSGP 23117
浅井 駿来／樋口 大雅／法橋 礼歩／
中村 正基／山田 莉央

江本 三紀
「Square ぐい呑 クリア」

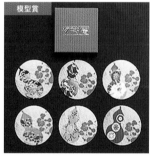

模型賞

受賞者
KSGP 23098
東條 巧巳

友禅工房文庵
「加賀友禅文様コースター」

プレゼン賞

受賞者
KSGP 23114
谷 卓思／塚村 遼也

奥の 麻衣子
「欅横木菓子皿」

ファイナリストへの記念品

横山美穂
「うるしのお箸」

表彰楯

アート旗工房・トンボ

座談会

「introduction ─ 出展者はかく語りき ─」

日時：2023年11月18日（土）10:30　　場所：金沢学生のまち市民交流館 交流ホール

30選出展者たちが自身の出展作品について、心に秘めたストーリーや情熱を参加学生と共有する場。

30作品の中から数組に登壇していただき、彼らの建築作品に込めた感情や想いを

座談会形式でオープンに語ります。地元の建築学科の学生を中心に、

建築への情熱やアイデアを分かち合い新たなインスピレーションを提供することを目標とし、

建築の魅力を共有し、学生たちが建築の世界に興味を持つきっかけを創り出します。

[登壇者]

KSGP23098　東條 巧巳（工学院大学大学院）
「記憶蘇生、水都バンコク復活 ─タイ国鉄フアランポーン駅コンバージョン計画─」

KSGP23113　後藤 晟太（愛知工業大学）
「穂の国緑水帯」

KSGP23115　半田 洋久（芝浦工業大学）
「清澄アーカイブス 築95年のRC造長屋『旧東京市店舗向住宅』の変遷の先に考える、250mの「未完建築」で応答するノスタルジー」

KSGP23158　佐藤 天哉（愛知工業大学）
「折節の氷風穴」

KSGP23172　中川 将史（金沢工業大学大学院）
「日銀跡地 〜金沢らしい114年目の在り方〜」

KSGP23098

東條 巧巳
（工学院大学大学院）

ずは作品のルーツについて話させていただきます。私の作品はタイのバンコクにある、タイ国鉄フアランポーン駅のコンバージョン計画です。簡単に説明すると、2023年で廃止となるこの駅において、インフラ機能の置き換えを行い、下水処理機能を組み込むことで今後も駅が都市の拠点であり続けるという提案をしています。なぜ敷地にタイを選んだのかというと、そのルーツは私の旅の経験からです。高校3年生の時に友人と卒業旅行でタイに行き、ナイトマーケットなど東南アジアらしさに触れたのがきっかけで、大学に進学してから東南アジアを一人で一周してきました。そこで完全にハマってしまい、タイで何か設計したいと思うようになりました。その旅の出発地点となったこの駅は、日本で言えば東京駅のようなタイの中心の駅でしたが今年廃止されることになってしまい、設計で何か提案できないかというところから始まっています。駅は大きなアーチ型の構造で、その中から発車していく、旅が始まっていくようなワクワクする空間になっています。そして、ここで何が求められるのか、そのヒントとして旅の経験から2点を挙げました。1つ目は運河が臭い汚いということです。運河の辺りは風情豊かな風景が残っているけれど現地を訪れると臭いと汚さが目立ち、これもタイらしさの一つではあるのですが、やはり綺麗な方がいいという想いがずっとありました。2つ目に人の面白さです。駅の中で行われている人の活動として散髪をしていたり、編み物をしていたり、昼寝をしているなど、あくまで人の生活の延長線上として駅が使われていることに魅力を感じていました。また、人の面白さとしてもう一つは、タイではよく洪水が起きるのですが、タイ人は水への適応能力が高いことです。それを生かして設計したいと考え、下水処理設備とタイ人の活動を組み合わせました。そうすることで、下水処理によって綺麗になった水の周りにタイ人が集まって、賑やかに生活する空間ができ、都市の拠点であり続けるという流れが出来上がります。

次に制作中のエピソードを紹介します。以前にもタイに2回訪問しているのですが、この制作に当たりさらに2度渡航しています。まずはフィールドワークを実施して運河沿いの人々の暮らしに触れ、鉄道周辺ではマーケットが開かれているので、そこで行われている人の営みを調査しました。タイということで、日本で調べるだけでは情報が限られてしまうので、図面は全て実測をして描いていて、大きくて測れないものは一部の寸法だけを測って写真を撮り、後からCAD化するという作業を行っています。模型では、既存で保存する部分は詳細に残して表現したいと考えて、こちらも同様に実測からCAD化して詳細に表現しています。模型表現で重要視したのは、鉄骨とパイプと水の表現です。鉄骨ではまず0.5mmのスノーマットを帯状に切って、それを組み合わせて接着し、後から銀スプレーを吹くという表現をしていて、これ自体でも構造的に成り立つよう強度をつくり出しました。真ん中のパイプは下水処理設備の配管パイプを表現していて、丸いプラ棒をライターで炙って曲げてつくっています。この提案では水が大きなテーマなので、滝の表現などは何度も試行錯誤してリアリティを生み出しました。

現在、都市のヒートアイランド化が進んでおり、都市の構造やライフスタイルを一新させ、長期的かつ計画的な対応が求められています。計画地は愛知県豊橋市の駅前大通の南東に位置し、東西800mに連なる商店街地区で、「水上ビル」の名で地域に愛されている建物です。戦後の建設ラッシュのあおりを受けて新たな移転先を失い、やむを得ず農業用水路の上に建てられた建築群で、かつては商業施設や賃貸住宅として栄えていましたが、バブル崩壊によって商店街の客足は遠のき、現在は空き店舗の増加や居住区の封鎖が進んでいます。水上ビル周辺の半径1km圏内の緑被率を計測すると約14%で、良好な都市環境をつくる理想は30%以上とされており、現状はそれに遠く及びません。そこで水上ビルを再編し、緑水帯と名付け、緑化の発信地とすることで緑被率を高め、ヒートアイランド現象への対策と健全な生態系の確保を目的とする提案をします。暗渠の用水路を開渠とし緑化することで水上ビルに風が通り、都市全体を緩やかに冷やすことができると考えています。また、ここの植物を起点として鳥や虫の新たな生態系を構成し、ボランティア活動などを通して人々の交流空間も形成します。屋上の一部をクラインガルテンとし、農業を通して自然と触れ合える場も創出します。牟呂用水は断水期間と通水期間があり、通水期間の活用方法として水面にいかだを浮かばせ植物を植え込むフローティングガーデンを提案し、太陽光による水の蒸発を防ぐと同時に浄水効果も期待できます。断水時期には緑肥のすき込みや樹木の手入れをすることで、1年のサイクルで水場を緑化していきます。通常、ビルの緑化が完了すると緑被率は10%を超えるのですが、水上ビルによる都市緑化の流れをシミュレーションすると、SDGsの達成目標年である2030年に20%を達成します。25年後にはフローティングガーデン用水に緑が広がり、鳥が水上ビルの植物の実を

50年後を見据えて、この提案で地球温暖化の抑制を目指す

KSGP23113

後藤 晟太
（愛知工業大学）

食べ、周辺都市に糞を散布することでまちに緑が広がっていきます。50年後には初期に植えた土からまちに緑が溢れます。地域住民の緑への意識が変わり、かつて牟呂用水に生息していた生物が徐々に戻ります。この事例を参考に、日本各地で緑化の取り組みが広がり、ヒートアイランド現象の緩和が達成され、地球温暖化の抑制に成功します。

豊橋の歴史的空間を探す過程で水上ビルという名称に惹かれ、なぜ水上と名付けられたのか調べるとさまざまな歴史文化がわかってきました。最初は研究室の14名が別々の敷地を提案し、その中で傾向が似ている人たちでチームを組みました。800mのスケール感をチームで共有するのが大変で、何度も現地調査をして進めたのですが、難産だったのは親水空間と建築をどう結びつけるかでした。考えてはボツになりを繰り返したのですが、フローティングガーデンには不思議な魅力があり、本提案までたどり着きました。メインパースのアングルは800mの長さを活かすため真正面からの構図にしています。緑水帯というタイトルはインパクト重視だとチーム内でも賛否両論でしたが、定義決めでは全員の折衷案を採用しました。模型は約1週間でつくったため粗さは目立ちますが、全体模型の水上ビルは特に力を入れています。提案の魅力が伝わるようにチーム内で話し合いながら、これだけ大きな模型をチーム一丸でつくれたのはとてもいい経験でした。

KSGP23115

半田 洋久
（芝浦工業大学）

風景とのコミュニケーションから、まちのポテンシャルを発見

これは学部の課題の作品で、夏に出したコンペまで取り組み、時間を掛けてつくりました。東京の清澄白河に、市民の文化活動の拠点となる図書館を計画しています。課題が与えられて、それに対して僕らは何かしらの態度を取るわけですが、僕は常に、その中で新しい発見を見出そうとしています。設計を始める時の着想は各々だと思いますが、僕は歩きながら考えてまちを捉え、「これは変だぞ」というものに気づくところから展開させることが多いです。まちを歩く時に2つの道具を使っていて、一つはGoogle Mapです。航空写真のマップを使うと、まちの表情がよりわかる気がします。2つ目はカメラです。僕は風景が好きで、連続的な軌跡の集積が目の前に姿を現したものが風景だと思っていて、写真を撮ると刹那的な事実を切り取ることができる気がします。そこから新たな学びがあり、現場で捉えられなかったものが写り込む、展開性のある道具です。敷地調査で撮った写真を見ると、清澄白河は可愛らしい街並みであると同時に寂しさもあって、まちを通して見つけ出した連続的な軌跡から僕が作為的に取り出した事実の一つです。表層的にはファサードという面で切り替わり、テクスチャーは高層体が連続している変な街並みです。これは旧東京市店舗向住宅という築95年を超える建物で、途中で払い下げられ住人に所有権が移り、個人の自由な改築が可能になりそれが街並みをつくっています。また、一つの連続した建物の中で、所有権が個人に移ったことで奇跡的に生まれた、まちに住んでいた人々の記録のコラージュでもあると思います。残念なことに、この建築は廃墟化や空き家化が起きているのが現状です。しかし、立面を実測し、初期のデザインや改築された年代順を調べて全体性を掴んでいくと、ここがまちの表情であるだけでなく、まちの骨格として地域に波及性を持つことができるポテンシャルを感じました。

上空からの写真を見ると、この建築は庭園とまちを分断するように置かれ、何か象徴的につくられています。聞き取りをして、地域の図書館やネットから情報をかき集めて調査を進めると、建築的にも変遷があったことがわかりました。建築の断面が露骨に現しになっている部分があり、初期の部分は時間の断面みたいなものがつくられていて、増築した後ろの部分が設計の手掛かりにもなり、そういったもののスケールを横断しながら材料や仕上げまで検討して、断面詳細図を描きました。スタディ模型は住宅スケールの建築として扱いながら、公共性を持たせることに苦悩がありました。最大限の敬意を払って素材や空間のイメージをつくり上げ、そこに課題に対する応答を見つけ出しました。最初に付けたタイトルは「感情移入の対象としての風景」で、風景論が好きでエッセンスに取り入れています。自分がいいと思ってもそれを貶されることは多々あるし、何が正しくて間違いなのか、立場によって違います。だから風景は連続的な人間の営みの断面であり、そこに膨大な人の記憶や痕跡が詰まっていて、それが投げかけてくる問いに興味があります。それに応答する時に、自分が風景の中に入り込める気がして、それが「応答」という言葉の意味でもあり、新たな風景とのコミュニケーションだと感じています。そういうことを考えながら設計をしています。

今は使われなくなった氷風穴を近代産業遺産と捉え、新たに「熟成」という役目を持たせて、集落を再編する提案です。敷地は千曲川沿いの大規模な地すべり地形に形成された、1年を通して内部の温度を約0℃、湿度を約100％に保つ天然の冷却システムである氷風穴を有しています。かつての集落では、住民が協力して氷を風穴内に保存しており、氷の切り出しや氷を運ぶ様子は独自の生業景観でした。昭和初期に風穴での保存による蚕種の孵化抑制機能が判明し、5～6倍の量の蚕種の生産が可能になり、近くを通る信濃鉄道により全国からの運搬が可能なため、蚕種の保存は地域の一大産業となりました。かつての生業は、住民同士が助け合い作業する独自のコミュニティーを生んだのですが、風穴を用いた生業のない現在、住民の助け合いの意識は薄れてしまっています。日本の風穴のほとんどは礫が堆積した崖錐や岩塊斜面にあり、氷風穴は地すべりによってできた地下の岩の層により生み出されました。地下の岩の層は空気を通す空間を持ち、冬に冷却された岩や隙間に残る氷が春から夏にかけて内部の空気を冷やし、冷やされて重くなった空気が風穴から吹き出すという仕組みです。現在の氷風穴は屋根も掛けられておらず、湿度を高く保てないだけでなく、内部の温度が外の気温に影響されその機能を失っています。氷風穴の保護は、周辺に自生する本来寒冷地にしか生息しない植物の保護にもつながります。湿度が高く茅葺きの腐敗が早いという問題があるため、腐敗を許容した修復プログラムを提案しました。氷風穴はこれまで保存という倉庫としての役割しかなかったので、直射日光が当たらず、水はけの良い土地が適したりんごを栽培し、りんご酢への加工、熟成を行う6次産業化することで、集落内の雇用増加、観光地化につなげます。りんご酢の樽熟成は3年単位で、それを終えると氷風穴の茅葺きを修復の

特殊な環境に魅了され、集落のコミュニティーを取り戻す

KSGP23158

佐藤 天哉
（愛知工業大学）

ため取り外して軸組だけの状態にし、観光客の風穴体験場所として1年間開放します。観光客がりんごの生産体験をして、メッセージを書いたラベルを貼った瓶にりんご酢を詰めて、風穴内で熟成します。そして観光客は数年後に再訪して、ラベルのメッセージを受け取るのです。

　元々は別の敷地を見に現地に向かったのですが、郷土資料で氷風穴の存在を知り、予定を変更して氷風穴へ向かいました。氷風穴の規模感や人の手で組まれた石垣、内外での温度の変化を直に感じ、その特殊な環境に魅了されました。氷風穴の保存活動をしている方から、風穴への想いや現状を聞くことができ、資料をいただくこともでき、そうした方々の応援に対して微力ながら、この提案が復活・保存の足掛かりになることを期待して構想を練り始めたのです。苦労したのは風穴の利用方法と、観光客が何度も訪れたくなる仕組みの提案です。工夫したのは建物を点在させて、木々によって視覚的に孤立している風穴の存在を身近に感じさせたことです。計画敷地は急な斜面のためCADで上手くつくれず、全てのパーツを手描きしました。平面図の赤紫色は、マジックアワーを体験したのをきっかけに、計画敷地を想像しながら着彩しました。二人で取り組んだため、意見が食い違った時のすり合わせが大変でしたが、研究室の先輩などにアドバイスをもらい、後輩にも手伝ってもらって1週間で何とか完成させました。

敷地はすぐ近くの、香林坊の中心にある日銀の金沢支店です。日銀前の大通りを敷地調査して感じたのは、「金沢らしさがない」ことでした。そこで「金沢らしさ」をテーマに空間を再編し、香林坊を「らしいまち」にする提案をします。まずは既存の日銀の建物に着目して、ファサードだけを残しました。昔のヨーロッパ風の金融らしいデザインで、このファサードがつくる香林坊の景色は、地元の人々に親しまれる風景にはなっています。そこで、香林坊に唯一残る金融の記憶と、市民に親しまれ記憶に残る風景の2点から、ファサードを残すことが金沢らしい日銀との付き合い方だと考えました。また、他県にあるガラスドームのような、大屋根の広場のような空間が金沢には足りていないと思います。近くにイベントが多く開催されるしいのき緑地もあるのですが、雨や雪で延期・中止になることが多く、金沢の天候に合っていません。そういったことから、日銀をただの壁から皆が親しんで集える場所に変え、香林坊の景観や日銀の金融としての記憶を継承する空間に変えます。また、非イベント時にも人が集まるよう、一人一人が用途や目的に合わせた居場所を見つけられる空間を考えました。開放的過ぎるよりもやや閉塞感がある方が人は滞留しやすいと考え、広場空間をルーバーや建物のボリュームで少し閉じて、開放感がありつつ閉塞感もある空間としています。長町武家屋敷側の眺望が見れる展望デッキやタブノキを囲んだ緑の広場といった憩いの場所もつくりました。また、歴史に触れる空間づくりも考えていて、ここのタブノキは樹齢500年の神木で、金沢で一番古い神社から持ってきたものですが、それに対して神道のような空間として通路をつくっています。せせらぎ通りでは、長町武家屋敷側の通りに沿って通る鞍月用水の水に触れられる距離感で、人々の憩いの場となる「せせらぎテラス」をつくりました。広場空間は最初に規模感を考えて、北陸ラーメン博や100

地元金沢を再編し、まちの「らしさ」を再考する

KSGP23172

中川 将史
（金沢工業大学大学院）

万石祭の開催地になるようなイメージで設計しています。敷地の高低差が6mほどあり、段差に合わせて広場空間を緩く分断することで、複数のイベントを段差ごとに同時開催したり、イベントを入れ替えたりできます。完全には分断せず、大きなイベントの時はフロアをまたいで単一の空間としても使えるよう考慮しました。

　これは卒業設計の作品で、地元の石川県を対象にしたいと考えていたところ、日銀が移転前ということで見に行くと、観光客でとても賑わっているけれど、日銀だけが全く賑わっていない、誰にも見られていない場所でした。最初はここの往来を利用して人を集める仕掛けを考えたのですが、進めていくうちに変わっていきました。中間発表の時点でも歴史や金沢らしさは意識していなかったのですが、先輩から、「日銀の建物が周りよりとても低いのが敷地の特殊性ではないか」と助言をいただきました。歴史や文化を大切にする金沢が高いオフィスビルで埋まっていていいのか、観光の中心地をコンクリートで埋め尽くしていいのかという疑問が浮かび、皆さんにもそのまちの「らしさ」を考えるきっかけになって欲しいです。一番苦労したのは日銀をどう残すかで、結局ファサードを残したのですが、自分なりに理由を考えて、作品の特性を付け足して納得いく考えになるまでエスキスを重ねました。

「歴コン」Map 2023

1. 出展データ

都道府県別応募件数

都道府県	エントリー作品数	本審査進出作品数
北海道	3	
青森	3	
宮城	1	
茨城	1	
栃木	1	
埼玉	6	
千葉	26	4
神奈川	22	3
東京	43	8
石川	6	2
福井	3	1
長野	4	1
愛知	12	3
岐阜	1	
滋賀	3	
京都	19	4
大阪	17	2
兵庫	9	
奈良	1	
島根	1	
広島	9	2
福岡	2	
佐賀	3	
長崎	1	
熊本	2	

エントリー199作品／本審査進出30作品

応募者の所属高等教育機関

エリア	都道府県	大学院・大学・専門学校
北海道	北海道	北海道大学
		室蘭工業大学
東北	青森県	八戸工業高等専門学校
	宮城県	東北大学
関東（東京都以外）	茨城県	筑波大学
	栃木県	宇都宮大学
	千葉県	千葉工業大学
	神奈川県	神奈川大学
		慶應義塾大学
		東海大学
		横浜国立大学
東京都	東京都	工学院大学
		芝浦工業大学
		多摩美術大学
		東京藝術大学
		東京造形大学
		東京電機大学
		東京都立大学
		東京農業大学
		東京理科大学
		日本大学
		日本女子大学
		法政大学
		明治大学
		早稲田大学
中部	石川県	金沢工業大学
		金沢美術工芸大学
	福井県	福井大学
	長野県	信州大学
	愛知県	愛知工業大学
		大同大学
		豊橋技術科学大学
		名古屋大学
		名古屋工業大学
		名城大学
関西	京都府	京都大学
		京都建築大学校
		京都工芸繊維大学
		京都市立芸術大学
		立命館大学
	大阪府	大阪大学
		大阪工業大学
		大阪公立大学
		関西大学
		近畿大学
	兵庫県	神戸大学
		神戸芸術工科大学
		武庫川女子大学
中国	島根県	島根大学
	広島県	広島大学
九州	福岡県	麻生建築&デザイン専門学校
		九州大学
		九州産業大学
	佐賀県	佐賀大学
	長崎県	長崎大学
	熊本県	熊本大学

2. 30選作品 対象敷地マップ

[中国]

岡山県
●苫田郡鏡野町 苫田ダム

山口県
●宇部市
●柳井市古市金屋地区

[九州・沖縄]

長崎県
●長崎市外海地区

沖縄県
●島尻郡伊是名村

[中部]

長野県
●小諸市 氷集落
●東筑摩郡筑北村

愛知県
●豊橋市

石川県
●金沢市香林坊

福井県
●小浜市西小川

[四国]

徳島県
●美馬市

愛媛県
●新居浜市多喜浜

[関西]

京都府
●京都市中京区 花遊小路商店街
●与謝郡伊根町

大阪府
●堺市
●吹田市

[東北]

岩手県
●遠野市

[東京都]

東京都
●江東区清澄
●台東区
●中央区月島
●港区赤坂
●文京区千駄木地区
●北区田端
●武蔵野市
●三鷹市

[関東]

神奈川県
●横浜市港北区
　日吉台地下壕
●横浜市中区元町
●横浜市金沢区 金沢八景
●鎌倉市長谷

[海外]

タイ
●バンコク パトゥムワン区

「歴コン」Map 2023

3. 歴史的空間ガイド

「歴コン」ではさまざまな敷地、歴史的空間が提案の対象となる。また、建築や都市だけでなく、
その土地の行事や文化、特産物といったものも対象とされるのが歴コンの魅力のひとつ。
ここではエリアごとに、学生団体SNOUのメンバーが調査した、今年度の30選作品の歴史的空間を紹介する。

---

02 「日吉台地下壕」
神奈川県横浜市港北区

港北区日吉周辺に存在する日吉台地下壕群は、1944年から
1945年にかけての太平洋戦争末期、空襲を避けつつ指揮をで
きるよう旧海軍地下軍事施設として建設された。大きく4つの地
下壕があり、総延長は5km。敗戦後はそのまま残されていたが、
宅地造成に伴い一部が破壊されるなど、失われた箇所がある。
港北区の人口は2037年まで増え続け、宅地造成が進むと予想
される現在、沖縄戦の命令も出されたこの貴重な地下壕を保存
するため、さまざまな活動が続けられている。

KSGP 23150 『日吉台地下壕博物館』

03 「元町百段」
神奈川県横浜市中区元町

元町の南・東側は山手丘陵地と隣接し、北側は堀川を挟んで山
下町と隣接しており、山と運河に挟まれた平地部分を中心に元
町商店街が形成されている。横浜開港から大正時代まで、浅間
山と呼ばれた丘の頂上に浅間神社があり、そこへ上がる階段が
百一段であったことから人々は百段階段と呼び親しんだ。居留
地の外国人もこの階段を上がって、頂上のお茶屋から港と市街
の風景を楽しんだとされる。しかし関東大震災で壊滅的な被害
を受け、修復されないまま百段階段は姿を消した。

KSGP 23155 『百段階段を崩す』

東北

01 「馬との暮らし」
岩手県遠野市

遠野市は北上高地の中央に位置し、高原群が周囲を取り囲んでおり、市域の中央には遠野盆地があり、中心市街地が形成されている。柳田國男の『遠野物語』により、「民話のふるさと」や「民俗学の聖地」としても全国的に知られている。また、国内でも有数の馬産地であり、山で伐採した木材を馬で運搬する「馬搬」や馬力で田畑を耕す「馬耕」など、馬との暮らしや文化が古くから根付いていた。それらの担い手が少なくなった現在、文化の継承や普及活動も活発化してきている。

`KSGP 23145` 『ウママチ』

関東（東京都以外）

04 「金沢八景」
神奈川県横浜市金沢区

横浜市金沢区は市の南端に位置し、周囲を海と山に囲まれている。区の大部分は起伏の激しい丘陵地で、100m前後の山が入り組んだ地形になっている。金沢八景とは、金沢の8つの勝景を当てはめたもので、1694年に明の僧侶・心越禅師が、金沢の眺望を中国の瀟湘八景になぞらえて命名したと伝えられている。現在の金沢八景一帯は、横浜市立大学や関東学院大学などが位置することから、学生の街としても有名である。

`KSGP 23062` 『点、線、面。』

05 「鎌倉大仏」
神奈川県鎌倉市長谷 高徳院

高徳院（大異山高徳院清浄泉寺）は、法然上人を開祖とする浄土宗の仏教寺院。法然上人は善悪、男女、年齢、身分などの別なく、万人の救済を本願とされる西方極楽浄土の教主、阿弥陀如来に帰依された。本尊・国宝銅造阿弥陀如来坐像は「露坐の大仏」として名高く、「鎌倉大仏」や「長谷の大仏」の愛称でも有名。元々は大仏殿に安置されていたが、14～15世紀頃、台風や地震、津波により大仏殿が倒壊したと考えられている。

`KSGP 23082` 『常ノ伽藍』

東京都

06 「国分寺崖線」
東京都武蔵野市

国分寺崖線は約5万年前、立川台地の形成期に多摩川が武蔵野台地を浸食してできた浸食崖で、立川市の砂川九番周辺から始まり、大田区丸子橋付近まで続く、東京を代表する崖線である。樹林や湧水などの豊かな自然環境が残り、「世田谷のみどりの生命線」とも言われる場所で、世田谷区では保全整備の取り組みを進めている。古代から歴史を残す国分寺崖線は武蔵野地方の方言で「はけ」と呼ばれ、人の生活道路として親しまれていた。

KSGP 23157 『はけにすむ』

07 「緑地」
東京都三鷹市

三鷹市は東京都の多摩地域東部に位置し、市域の大半は武蔵野台地上にある。かつては純農村地帯であり、大正期に関東大震災の被災者が多く移住してきたことにより人口が増加。現在は東京郊外の住宅街として、新宿へ中央線で直結する交通の便の良さと、緑豊かで平地が多く良好な住環境が人気となり、近年は「住みたい街」にもランキングされている。また、1974年制定の生産緑地法に基づいて導入された生産緑地地区は、市の方針により、都内でも高い指定率となっている。

KSGP 23072 『媒介の居』

08 「土木・自然環境」
東京都北区田端

田端は東京都北区・滝野川地区の東部に位置しており、荒川、隅田川、石神井川といった水辺空間に囲まれた、緑豊かな自然が魅力である。江戸時代以降は岩槻街道などの街道の発達とともにまちが形成された。豊かな歴史と文化遺産を持ち、崖線に沿って敷設された鉄道、石神井川や荒川の水道を利用して近代産業も発展していった。関東大震災による被災者の移住が急速な市街地化をもたらし、戦後には戦災復興都市区画整理事業などによる復興が進み、現在の市街地を形成している。

KSGP 23051 『東京浸透水域』

09 「木造密集地域」
東京都文京区 千駄木地区

千駄木地区は武蔵野台地の東縁部にあたり、台地と坂、台地に囲まれたいくつかの谷から成り立っている。関東大震災の影響が少なく、古くからの木造住宅がひしめき合う木造住宅密集地であり、火災などの二次災害を防ぐため不燃化特区に指定されている。文京区内には、江戸時代の町割りを継承した良好な低層住宅地や、庶民のまちとして親しまれてきた下町、印刷・製本関連の事業所が集積するまちなどがあり、それら特徴的なまちのまとまりが、個性溢れる景観をつくっている。

KSGP 23009 『銭湯共生都市』

⑩「吾妻橋」
東京都台東区

吾妻橋は江戸時代に隅田川に架けられた5つの橋のうち最後の橋で、現在の橋長は150m、幅員は20mである。初代の吾妻橋は、10代将軍・徳川家治の時代の1774年に、幕府の費用ではなく民間資本で架けられ、江戸時代から明治の初めまでは「大川橋」と呼ばれていた。現在の橋は、関東大震災で木製の橋板が焼け落ちた後、1931年に架け替えられたもの。吾妻橋周辺・言問橋周辺に舟運の結節機能を含む拠点形成が図られ、舟運を活かした賑わいの親水空間の形成が目指されている。

`KSGP 23117`『Re:Connect』

⑪「旧東京市営店舗向住宅」
東京都江東区清澄

清澄は江戸時代より発展してきた地域であり、かつては干潟であった。現在では多数の歴史的建造物や清澄庭園などの名勝が観光地として知られ、清澄庭園は、江戸時代に三菱の創始者・岩崎弥太郎が造園を計画した。清澄通り沿いに約250mにわたり建ち並ぶのが旧東京市営店舗向住宅。関東大震災の復興事業として旧東京市が1928年に建設した店舗付き住宅で、戦後居住者に払い下げられ、改装・増築が施されていった。

`KSGP 23115`『清澄アーカイブス』

⑫「月島路地」
東京都中央区月島

1892年、東京湾澪浚計画によって月島1号地が完成。当時は工場用地であり、運河に面する土地には工場や倉庫が多く見られた。古い時代の埋立地で、裏通りには木造住宅が密集したエリアがあり、狭い路地が魅力。江戸時代から東京湾沿岸の重要な地域で、魚市場や船着き場があり、造船業が盛んだった。もんじゃ焼き発祥の地であり、江戸時代から「もんじゃの街」として根付き、「月島もんじゃストリート」には80店以上が並ぶ。現在は再開発が進められ、街並みが変容しつつある。

`KSGP 23028`『月島立面路地住宅』

⑬「乃木会館」
東京都港区赤坂

赤坂はオフィスビルや商業施設、高級マンションなどが密集しておりビジネス街・繁華街、高級住宅街である一方、大使館や美術館などの文化的な建築物も多く立ち並ぶ一角でもある。その一つに乃木会館があり、乃木神社に併設された婚礼・宴会の際に使用される施設として、建築家・大江宏により設計された。西洋建築物と日本の伝統的様式を「混在併存」させた建築物であり、設計から半世紀以上経った現在でも荘厳な気品を放っている。

`KSGP 23170`『併遷の行方』

中部

⑭「西小川」
福井県小浜市西小川

小浜市は福井県の南西部、若狭のほぼ中央に位置している。北は国定公園の指定を受けた若狭湾に面し、海岸線の一部は「蘇洞門（そとも）」を有するリアス式海岸。南は、東西に走る京都北部一帯に連なる山岳で、一部は滋賀県と境を接している。日本海側の天然の良港として古くから朝鮮半島との交易があり、渡来した仏像などが残る。塩や海産物などの豊かな食材を朝廷に供給していた「御食国」としての歴史があり、さまざまな文化が息づいている。

`KSGP 23159`『西小川の庭』

⑮「香林坊」
石川県金沢市

香林坊は城下が形成された頃より、交通の要衝であった。江戸時代には金沢城に近い地の利を生かし、北陸街道沿いに商店が建ち並ぶ商店街として発展。明治時代には旧制第四高等学校の開校に伴い、学生向けのカフェや映画館などができ、繁華街として栄えた。現在は百貨店やホテル、ファッションビルなどが建ち並び、ショッピング街として賑わっている。1909年に出張所を開設して以来、香林坊にあった日本銀行金沢支店は、施設や設備の老朽化に伴い、2023年に金沢駅西へ移転された。

`KSGP 23172`『日銀跡地』

16「用水路」

愛知県豊橋市

豊橋市は東三河地方にあり、豊橋平野の上に市域が広がり、豊川や梅田川などが流れる。奈良時代には初期の東海道が設置され、飽海川河口に渡し場が置かれた。明治から昭和の初めまでは養蚕業、製糸業が盛んだったが、東南海地震と空襲により市街地の7割を焼失。戦後に大規模な土地区画整理と戦災復興都市計画が実施され、1968年に豊川用水が完成し農業・工業の発展に寄与した。現在は、「歩いて暮らせるまち」「暮らしやすいまち」「持続可能なまち」をテーマに集約型都市構造を目指している。

`KSGP 23113`『穂の国緑水帯』

17「アカマツ」

長野県東筑摩郡筑北村

筑北村は、周囲を山に囲まれている自然豊かな地である一方で長野市、松本市と接しておりアクセスの良い立地である。江戸時代には北国西街道、善行寺街道の沿道が通り、宿場と宿場を結ぶ間の宿として栄えた。2005年に坂井村、本城村、坂北村が合併して現在の筑北村が発足。アカマツを村木としており、正月の飾り松としても使われている。一方で、松枯れ被害が拡大し倒木が相次ぐなどの問題も発生している。

`KSGP 23168`『水運的里山再生』

18「氷風穴」

長野県小諸市 氷集落

小諸市の千曲川沿いの崖線の斜面に立地する氷地区は、美しい風景の残る小さな集落村。ここには夏でも冷たい氷風穴があり、約300年前の文献にも風穴で凍氷を貯蔵していたことが記されている。その後も、池からの天然氷の切り出しと風穴での貯蔵は1985年頃まで続けられた。輸出用の国産生糸が求められた明治期には、蚕の自然孵化は年1〜2回が限界だったが、蚕の卵を風穴に冷蔵保存することで孵化のタイミングを人為的に調整でき、年に5回程度の孵化ができるようになった。

`KSGP 23158`『折節の氷風穴』

中国

23 「苫田ダム」
岡山県苫田郡鏡野町

苫田ダムは鏡野町（旧奥津町）に2005年3月に完成したダムで、岡山県内では3番目の貯水量を誇り、コンクリートの重さで水圧に耐える重力式コンクリート型式のダムである。国内初のラビリンス型（ジグザグ型）の非常用洪水吐を備えた美しいフォルムのダムで、ガラス張りの見学室からは放流も見ることができる。ダム建設計画が表面化した当時はここに苫田村（1959年に合併により奥津町となる）があり、40年に及ぶ反対運動の末、504世帯が立ち退き水没した。

KSGP 23114 『燐火ゆらめく 村のおもかげ』

24 「長生炭鉱」
山口県宇部市

宇部市は明治時代以降、石炭によって栄えたが、昭和30年代に起こったエネルギー革命により1967年を最後に、市内の炭鉱はすべて閉山した。宇部炭田は海底炭鉱が中心であり、県の石炭生産量の多くを排出しており、その一つが長生炭鉱。1932年に本格的に操業を開始したが、1942年に「水非常」と呼ばれる水没事故が起き閉鉱した。長生炭鉱の跡地には2本のピーヤ（排気・排水筒）が今も残っている。

KSGP 23135 『長生炭鉱を継ぐ』

25 「古市金屋地区」
山口県柳井市

柳井市は山口県の南東部に位置し、東と北は岩国市、西は田布施町と平生町、南は室津半島の半ばで上関町に接し、瀬戸内海に面している。市内を流れる柳井川は物資輸送の役割を果たし、瀬戸内海の要衝として栄えた。柳井川の北側に位置する柳井津には、江戸時代中期から明治初期にかけての伝統的建造物が建ち並び、白壁の町並みが今も残る。この古市金屋地区は、1984年に重要伝統的建造物群保存地区に選定されている。

KSGP 23111 『隙間を紡ぐ水庭』

関西

20 「花遊小路商店街」
京都府京都市中京区

京都市は三方を山に囲まれ、京都盆地と山科盆地に市街地が形成されている。平安京の建設以来、京都は時代の流れとともに、都市の形を変化させてきた。また、太平洋戦争で空襲にほとんどあわなかったため、何世紀にもわたる歴史が積み重ねられており、日本の伝統文化を象徴する都市となっている。中京区にある花遊小路商店街は、花遊軒という精進料理店の名前にちなんだ小路が大正時代にでき、その後商店街となったもの。京都で最小の商店街とも言われている。

`KSGP 23004` 『花遊百貨小路』

21 「吹田貨物ターミナル駅」
大阪府吹田市

吹田市には鉄道駅が15駅あり、隣接する大阪市内、新大阪駅や大阪国際空港へのアクセスに優れている。吹田貨物ターミナル駅は、吹田市と摂津市にまたがる日本貨物鉄道の貨物駅であり、東海道本線の岸辺駅と吹田駅の間に位置する。閉鎖された梅田貨物駅の機能代替の一つとして、吹田操車場の跡地を利用して設置された。吹田操車場は1923年に開設され、東洋一の規模と言われていたが、1984年に操車場経由式輸送が全廃され信号場に格下げされた。

`KSGP 23057` 『箱の住む橋、ハコに棲む橋』

19 「伊根浦」
京都府与謝郡伊根町

伊根町は京都府北部、丹後半島の北端に位置する、豊かな自然に恵まれ舟屋と伝説に彩られた町である。古代より大陸との交流が盛んだった地域では、さまざまな伝説や伝承が伝わっており、特に浦島太郎伝説が有名。また伊根湾の沿岸には舟屋と呼ばれる、1階が船のガレージ、2階が二次的な居室となった独特な建屋が約230軒建ち並ぶ。2005年には、重要伝統的建造物群保存地区に選定されている。

`KSGP 23103` 『山海を編む学び舎』

22 「ため池」
大阪府堺市

堺市は大阪府の中央南西部に位置し、大阪市の南に隣接する。歴史的にも古い都市で、立地的条件から工業都市として発展した一方、市内には史跡や文化財が多く残されているほか、大阪湾に面している地区は産業誘致を進め、新たな工業都市として変化している。また、市内には農業用水のためにつくられたため池が500ほどあり、近年はヘドロの堆積など環境問題となっているものもある。市では「ため池オアシス整備事業」として、ため池の改修や維持管理の強化も進めている。

`KSGP 23070` 『まちを溜める』

四国

㉖「藍染め」

徳島県美馬市

美馬市は徳島県の西部に位置し、豊かな自然と数多くの文化財が残る歴史情緒溢れるまちである。市のほぼ中央を東西に吉野川が流れ、四国一の清流・穴吹川など幾多の川が吉野川に流れ込んでいる。徳島藩に奨励された藍づくりは、江戸時代から明治期にかけて代表的産業として広がり、吉野川の水運に恵まれた脇町は藍の集散地として栄えた。天然藍の染料を手染めした藍染商品や阿波和紙などが伝統産業として今も愛されている。

KSGP 23040 『88mの余白』

㉗「塩田」

愛媛県新居浜市多喜浜

新居浜市は、東は四国中央市、西は西条市、南は東赤石山を主峰とした赤石山系、別子山地域、四国山地を境に高知県に隣接している。多喜浜には1716年に開田された塩田があり、その後の拡張工事により約240haに及ぶ大規模なものとなった。塩業家の天野喜四郎の子孫によって代々受け継がれたが、1959年に廃田となり埋め立てられた。近年は多喜浜の塩田が産業遺産として見直されつつあり、資料収集や研究活動が行われている。

KSGP 23045 『地中を舞う種に習いうたをつなぐ』

九州・沖縄

㉘「修道院」

長崎県長崎市外海地区

外海地区は長崎市の北西に位置し、西側には雄大な角力灘が広がり、全体的に西向きの丘陵地となっている。出津遺跡や宮田古墳群などの古代の遺跡をはじめ中世の神浦氏関係史跡、近世の大村藩関係史跡、近代の社会福祉・宗教関係史跡などさまざまな文化財が数多くあり、キリスト教の文化が色濃く残っている。また、1879年に外海に赴任したマルク・マリー・ド・ロ神父により建てられた教会、救助院などが今も残る。

KSGP 23005 『慈悲の7つの行い』

㉙「伊是名集落」

沖縄県島尻郡伊是名村

伊是名村は、沖縄の北西海上に位置する伊是名島の南西部に位置する。1939年に伊平屋村から分村された地域で、自然環境保全地域に指定された。1941年に庁舎を失火で焼失したが、国や県の支援を受けて復興し、経済更生村に指定され、村民は米作や養蚕、さとうきび甘薯の生産を強化。その成果が農林省主催の全国米作共進会で表彰された。サンゴの石垣やフクギ並木、赤瓦屋根の家という昔ながらの集落の風景が今も残っている。

KSGP 23021 『結まわるをハコブ』

30 「フアランポーン駅」

タイ バンコク パトゥムワン区

タイの首都バンコクはマレー半島の付け根に位置する。1782年に、チャオプラヤー川の肥沃なデルタに築かれた都市で、平坦な地形には自然と運河が発達し、自動車時代が訪れる以前は「東洋のベニス」と呼ばれていた。パトゥムワン区にあるフアランポーン駅は、タイ国有鉄道とバンコク・メトロの駅。バンコクの玄関口として長く機能していたが、近年、ターミナル駅としての機能の移転が進められ、駅舎は博物館として保存される予定となっている。

KSGP 23098 『記憶蘇生、水都バンコク復活』

歴史的空間再編学生コンペ実行委員会

委員長	宮下 智裕	（金沢工業大学 教授）
副委員長	熊澤 栄二	（石川工業高等専門学校 教授）
委員	西野 辰哉	（金沢大学 教授）
	西本 耕喜	（金沢美術工芸大学 准教授）
	山越 衛	（金沢科学技術大学校 建築学科長）
	太田 隼乃介	（学生団体SNOU 代表／金沢工業大学）
監事	松本 明	（金沢市 会計課長）
名誉顧問	水野 一郎	（金沢工業大学 教育支援機構 教授）
アドバイザー	塚本 由晴	（東京工業大学大学院 教授／アトリエ・ワン）
	松田 達	（静岡文化芸術大学 准教授／松田達建築設計事務所）

事務局：金沢市 都市整備局 都市計画課　　**企画・運営**：学生団体SNOU

学生団体ＳＮＯＵ

— Student Network Originated at hokuriku Union —　略称：SNOU（スノウ）

金沢の建築学生で構成された学生団体。歴史的空間再編コンペティション（歴コン）の企画・運営を目的として「学生のまち市民交流館」で活動している。

歴コンとは、金沢市で毎年11月に開催される建築の設計コンテストで、歴史的空間の再編というテーマのもと全国の学生から送られる作品より、1〜10位を決定する。また、コンテストのみではなくサブイベントなども充実させており、建築の学生の学びの機会を設けている。審査員はその年のコンセプトに沿った著名な先生に依頼しており、2023年開催時には魚谷繁礼先生、中川エリカ先生、安居昭博先生をお呼びし、審査していただいた。

SNOUは3チーム、6＋1班の体制で活動している。Managerは、審査員の先生に付き添い、審査の手助けをする「審査班」、メールや電話でコンペ参加学生の対応をする「参加者対応班」、協賛をしてくださる企業への電話や訪問挨拶をする「協賛班」の3つの班がある。Designerは、SNOUの制作物を担当しメンバーの名刺作成、コンペの告知ポスターやフライヤー、パンフレットやHPを作成する「デザイン班」、歴コン当日のYouTube配信やイベントでの写真撮影、SNSでの広報を行う「映像広報班」がある。Plannerは、歴コンに向けてメンバーの親睦を深めるために月1イベントを企画したり、記念講演＆トークセッションで、審査員の先生方の専門分野からどのようなテーマであれば話しやすいか、聞きに来る学生はどのようなことを聞きたいかを考えながらテーマと概要を決めたりする企画班である。

このほかにも、金沢市役所と連携して学生団体SNOUは活動しており、日本で唯一の歴史的空間再編に触れるコンペティションの運営を行っている。

代　　表	太田 隼乃介	（金沢工業大学）
運営代表	中山 柱勲	（金沢工業大学）
manager リーダー	松浦 瑞歩	（金沢工業大学）
planner リーダー	谷内 知春	（金沢科学技術大学校）
designer リーダー	近藤 慧一	（金沢工業大学）

アーカイブ編集委員

リーダー
近藤 慧一（金沢工業大学）
大城 さらら（金沢工業大学）
大橋 晃太（金沢工業大学）
金田 悠花（石川工業高等専門学校）
堤 虎太郎（金沢工業大学）
寺尾 唯（石川工業高等専門学校）
中山 咲里（金沢工業大学）
蓮井 友也（金沢工業大学）
久田 晴輝（金沢工業大学）

「木の文化都市・金沢」のまちづくり

金沢は、稀有な歴史とともに古くからの都市景観を有し、「保全と開発の調和」を規範としたまちづくりを持続的に展開する中で独自の発展を遂げてきました。金沢市では現在、これまで蓄積してきた金沢の伝統を未来へと継承するとともに、まちなみや生活に幅広く"木"を取り入れ、"木"の優れた特性をまちづくりに生かすことで、歴史・自然・文化と調和した金沢ならではの持続可能な仕組みを備えるまち「木の文化都市・金沢」を目指しています。

ぜひ、金沢のまちを歩いてみてください。藩政時代から現代に至るまでの多様な様式の建築物、豊かな自然や風土とともに残る街路や用水・歴史遺産などの都市景観、金澤町家・家具・工芸などの暮らしに息づく木の文化など、金沢のまちの魅力を感じていただけることでしょう。

問い合わせ	〒920-8577　石川県金沢市広坂1-1-1 金沢市役所 都市整備局 都市計画課 TEL：(076) 220-2351 FAX：(076) 222-5119 e-mail：tokei@city.kanazawa.lg.jp

金沢学生のまち市民交流館

金沢学生のまち市民交流館は、まちなかにおける学生と市民との交流の場、まちづくり活動に関する情報交換の場などとしてご利用いただくことを目的に、平成24年9月に金沢市片町に開館しました。

この施設は、金沢市指定保存建造物である大正時代の金澤町家を改修した「学生の家」と旧料亭大広間の部材を用いて新築した「交流ホール」からなります。

> 学生が自らアイデアを生み出し、
> 発信・実現するためのプロジェクト基地！

○コーディネーターがさまざまな活動の相談に乗ってくれます。
○多くの交流が生まれる開放的なサロンスペースがあります。
○会議、イベントなど幅広い活動の場として利用できます。
○学生団体の利用は無料です。

問い合わせ	〒920-0981 石川県金沢市片町2-5-17 金沢学生のまち市民交流館 TEL：(076) 255-0162 FAX：(076) 255-0164 e-mail：shiminkouryukan@city.kanazawa.lg.jp

協 賛 企 業

「歴史的空間再編コンペティション2023」にご協賛いただいた企業・団体をご紹介します。

［特別協賛］

［協　賛］

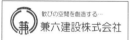

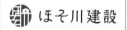

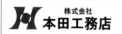

（一社）石川県建築士会／（株）浦建築研究所／（株）五井建築研究所／

（公社）日本建築家協会 北陸支部 石川地域会／（株）ハヤシ創建／ヨシダ宣伝（株）

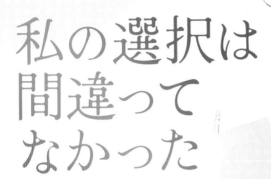

私の選択は間違ってなかった

選んだのは、合格者の50%以上が
進んだ王道ルートでした。

令和4年度 一級建築士合格

総合資格のおかげで人生変わりました。

総合資格学院イメージキャラクター
令和4年度 一級建築士試験合格
当学院受講生・俳優
田中 道子さん

1級建築士 合格実績 No.1

平成26〜令和5年度 1級建築士 設計製図試験
全国合格者占有率 10年間

他講習利用者・独学者 / 当学院受講生

54.8%

全国合格者合計 **36,470**名中／当学院受講生 **19,984**名

令和5年度 1級建築士 学科＋設計製図試験
全国ストレート合格者占有率

他講習利用者＋独学者 / 当学院当年度受講生

51.8%

全国ストレート合格者 **1,075**名中／当学院当年度受講生 **557**名

★学科・製図ストレート合格者とは、令和5年度1級建築士学科試験に合格し、令和5年度1級建築士設計製図試験にストレートで合格した方です。 ※全国ストレート合格者数・全国合格者数は、(公財)建築技術教育普及センター発表に基づきます。 （令和5年12月25日現在）※当学院のNo.1に関する表示は、公正取引委員会「No.1表示に関する実態調査報告書」に基づき掲載しております。 ※全国ストレート合格者・全国合格者数は、(公財)建築技術教育普及センター発表に基づきます。 ※総合資格学院の合格実績には、模擬試験のみの受講生、教材購入者、無料の役務提供者、過去受講生は一切含まれておりません。

 総合資格学院

建設業界・資格のお役立ち情報を発信中! X ⇒「@shikaku_sogo」 LINE ⇒「総合資格学院」 Instagram ⇒「sogoshikaku_official」で検索!

スクールサイト www.shikaku.co.jp 総合資格 検索
コーポレートサイト www.sogoshikaku.co.jp

開講講座
1級・2級 建築士／建築・土木・管工事施工管理技士／設備・構造設計1級建築士／建築設備士／宅建士／賃貸不動産経営管理士／インテリアコーディネーター

法定講習
監理技術者講習／一級・二級・木造建築士定期講習／管理建築士講習／宅建登録講習／宅建登録実務講習／第一種電気工事士定期講習

お問合せ先
TEL:03-3340-2810
〒163-0557
東京都新宿区西新宿1-26-2 新宿野村ビル22F

建設系学生向けポータルサイト **総合資格navi**

 就職活動で
・あなたを必要とする企業からスカウトが届く
・インターンシップや説明会、選考へエントリーできる
・実際に選考を突破した先輩、同期のESが見れる

学校生活で
・全国の建築イベント情報が見れる
・建築系企業のアルバイト募集へ応募できる
・全国の建築学校の取り組みが見れる

https://www.arc-navi.shikaku.co.jp/ 総合資格navi 検索

未来の自然を考える

http://www.kokudonet.co.jp

株式会社 **国土開発センター**

本社 / 金沢市寺町三丁目9番41号

代表取締役社長　新家　久司

TEL:076-247-5080/FAX:076-247-5090

たいせつな風景を未来へ

百年前も。今も。

尾山神社創建に名を連ねた
真柄建設の創始者 真柄要助
その頃より
ものづくりの心 変わらずに
金沢の歴史とともに
歩み続けます

誇れる仕事を未来へ！

真柄建設株式会社

代表取締役社長 ： 真柄 卓司

〒920-8728 金沢市彦三町1-13-43 TEL076(231)1266

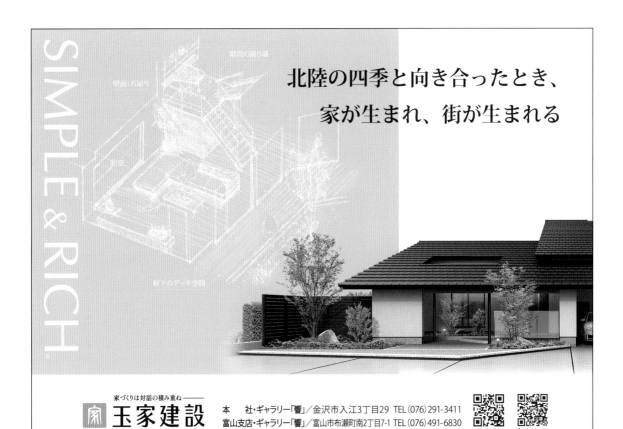

株式会社 長坂組

本　　　　社／金沢市笠舞2丁目28番16号
　　　　　　TEL076-262-7314
　　　　　　FAX076-262-7316
資材センター／TEL076-248-3618

http://www.nagasakagumi.co.jp/　e-mail:mail@nagasakagumi.co.jp
Facebookページ：https://www.facebook.com/nagasakagumi

エコアクション21
認証番号0000134

GREEN PRINTING JFPI
B10101
本工場は、環境に配慮
したGP認定工場です。

〜 はじまりはいつもココから 〜
（Color）

株式会社 橋本清文堂

〒920-0059 金沢市示野町南51 Tel.076-266-0555 Fax.076-266-0880

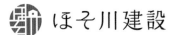

一般社団法人 石川県建築士会

〒921-8036 石川県金沢市弥生2丁目1番23号（石川県建設総合センター5階）

電話 076-244-2241　　FAX 076-243-4821

株式会社 浦建築研究所

本社　〒920-0964　金沢市本多町3-11-1　Tel 076-261-4131　Fax 076-223-1251

G⃝OI
Creation & Technology

株式会社 五井建築研究所

〒920-0061 石川県金沢市問屋町2丁目1番地　Tel (076)237-8441 FAX (076)238-9094
E-mail:office@goi.co.jp https://www.goi.co.jp https://www.facebook.com/goi51

公益社団法人 日本建築家協会 石川地域会
The Japan Institute of Architects

〒920-0805　石川県金沢市小金町3-31
TEL：076-229-7207
FAX：076-229-7208

快適な生活を追究します

高気密・高断熱の家

株式会社 ハヤシ創建

〒921-8154
石川県金沢市高尾南3丁目168番地
TEL：(076) 298-0001
FAX：(076) 298-0202
URL：https://884-skn.com

ヨシダ宣伝株式会社

金沢・富山・新潟・福井・長野・東京